Kurt Scherer

„… weil mich festhält Deine starke Hand"

Kurt Scherer

„... weil mich festhält
Deine starke Hand"

Mit Motiven von
Dorothea Steigerwald

Brendow Buch Kunst Verlag

Die Deutsche Bibliothek – CIP-Einheitsaufnahme

Scherer, Kurt:
… weil mich festhält Deine starke Hand / Kurt Scherer. –
Moers : Brendow, 1991
(Edition C : P, Präsent ; 84)
ISBN 3-87067-439-3
NE: Edition C / P

ISBN 3-87067-439-3
Edition C, Reihe P 84, Bestell-Nr. 55684
© Copyright 1991 by Brendow Verlag, D-4130 Moers 1
Das Copyright für alle Werke von Dorothea Steigerwald
liegt beim Brendow Verlag. Nachahmungen und
Nachdrucke sind nicht gestattet und werden gerichtlich verfolgt.
Fotos: Foto Kirtz, Duisburg
Einbandgestaltung: Kommunikations-Design Michael Buttgereit,
Haltern am See
Printed in Germany

INHALT

VORWORT

Hände – ein Wunderwerk Gottes.

Den Anstoß bekam ich durch eine Einladung, bei der ADVENTSKONFERENZ des Diakonissenmutterhauses Bleibergquelle in Velbert, neben Vorträgen auch eine Bibelarbeit anläßlich der Eröffnung einer Ausstellung mit Werken von Diakonisse DOROTHEA STEIGERWALD zu halten.

Dem Wunsch der Veranstalter, diese Bibelarbeit und weitere Gedankenanstöße zum Thema „HÄNDE" zu veröffentlichen, komme ich hiermit gerne nach.

Dieses Nachdenken konnte sich aber nicht in dem Thema „MENSCHENHÄNDE" erschöpfen. Bilder und Texte wollen letztlich auf „GOTTES HÄNDE" hinweisen, auf IHN, der nicht müde wird, an uns ein Leben lang zu gestalten, weiterzuarbeiten, zu formen, zu verändern.

Nun gibt es Zeiten, da kommt unser Leben dabei in Bedrängnis; da drückt er uns wie Ton zusammen, um uns „fertig zu machen", um etwas Neues mit uns anzufangen (Jesaja 64,7; Jeremia 18,1–6). Wir wehren uns dann oft dagegen (Jesaja 45,9); wollen die Gestaltung unseres Lebens selbst in die Hände nehmen, uns selbst verwirklichen. Doch dies – so zeigt es die Erfahrung – gelingt uns nicht!

So sind wir eingeladen, uns von Gott profilieren zu lassen. Er will uns in das Bild, das er von uns hat, umgestalten (1. Mose 1,26.27). Paulus sagt es einmal so: „Wir wissen aber, daß denen, die Gott lieben, alle Dinge zum Besten dienen, denen, die nach dem Vorsatz berufen sind. Denn welche er zuvor ersehen hat, die hat er auch verordnet, daß sie gleich sein sollen dem Ebenbilde seines Sohnes, auf daß derselbe der Erstgeborene sei unter vielen Brüdern" (Römer 8,28.29).

Bis dahin gilt uns Gottes Zusage: „Fürchte dich nicht, ich bin mit dir; weiche nicht, denn ich bin dein Gott. Ich stärke dich, ich helfe dir auch, ich halte dich durch die rechte Hand meiner Gerechtigkeit" (Jesaja 41,10).

Der Mensch – ein Wunderwerk aus Gottes Händen. Grund, mehr darüber nachzudenken!

Kurt Scherer

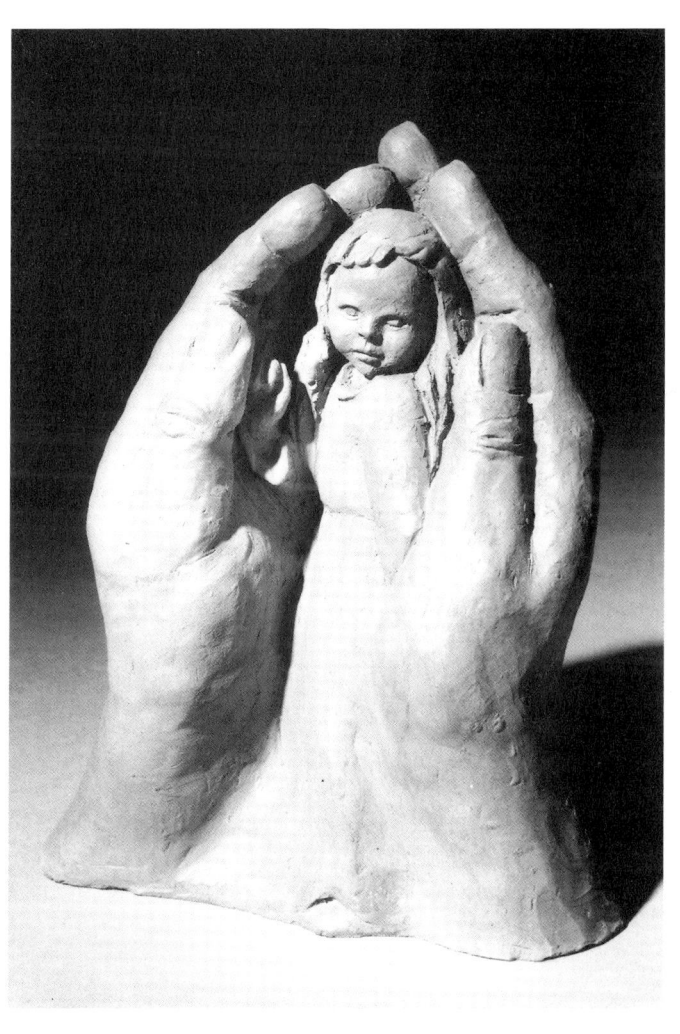

Zuflucht

Psalm 73

EIN PSALM ASAPHS

¹Gott ist dennoch Israels Trost / für alle, die reines Herzens sind.

²Ich aber wäre fast gestrauchelt mit meinen Füßen; / mein Tritt wäre beinahe geglitten.

³Denn ich ereiferte mich über die Ruhmredigen, / als ich sah, daß es den Gottlosen so gut ging.

⁴Denn für sie gibt es keine Qualen, / gesund und feist ist ihr Leib.

⁵Sie sind nicht in Mühsal wie sonst die Leute / und werden nicht wie andere Menschen geplagt.

⁶Darum prangen sie in Hoffart / und hüllen sich in Frevel.

⁷Sie brüsten sich wie ein fetter Wanst, / sie tun, was ihnen einfällt.

⁸Sie achten alles für nichts und reden böse, / sie reden und lästern hoch her.

⁹Was sie reden, das soll vom Himmel herab geredet sein; / was sie sagen, das soll gelten auf Erden.

¹⁰Darum fällt ihnen der Pöbel zu / und läuft ihnen zu in Haufen wie Wasser.

¹¹Sie sprechen: Wie sollte Gott es wissen? / Wie sollte der Höchste etwas merken?

¹²Siehe, das sind die Gottlosen; / die sind glücklich in der Welt und werden reich.

¹³Soll es denn unsonst sein, daß ich mein Herz rein hielt / und meine Hände in Unschuld wasche?

¹⁴Ich bin doch täglich geplagt, / und meine Züchtigung ist alle Morgen da.

¹⁵Hätte ich gedacht: Ich will reden wie sie, / siehe, dann

hätte ich das Geschlecht deiner Kinder verleugnet.

¹⁶So sann ich nach, ob ich's begreifen könnte, / aber es war mir zu schwer,

¹⁷bis ich ging in das Heiligtum Gottes / und merkte auf ihr Ende.

¹⁸Ja, du stellst sie auf schlüpfrigen Grund / und stürzest sie zu Boden.

¹⁹Wie werden sie so plötzlich zunichte! / Sie gehen unter und nehmen ein Ende mit Schrecken.

²⁰Wie ein Traum verschmäht wird, wenn man erwacht, / so verschmähst du, Herr, ihr Bild, wenn du dich erhebst.

²¹Als es mir wehe tat im Herzen / und mich stach in meinen Nieren,

²²da war ich ein Narr und wußte nichts, / ich war wie ein Tier vor dir.

²³Dennoch bleibe ich stets an dir; / denn du hältst mich bei meiner rechten Hand,

²⁴du leitest mich nach deinem Rat / und nimmst mich am Ende mit Ehren an.

²⁵Wenn ich nur dich habe, / so frage ich nichts nach Himmel und Erde.

²⁶Wenn mir gleich Leib und Seele verschmachtet, / so bist du doch, Gott, allezeit meines Herzens Trost und mein Teil.

²⁷Denn siehe, die von dir weichen, werden umkommen; / du bringst um alle, die dir die Treue brechen.

²⁸Aber das ist meine Freude, daß ich mich zu Gott halte und meine Zuversicht setze auf Gott den HERRN, / daß ich verkündige all dein Tun.

VON GOTT GEHALTEN

Bibelarbeit über Psalm 73

Ich habe Dias und Bilder der Werke von Schwester Dorothea Steigerwald bewußt betrachtet und dabei festgestellt, daß wir die meisten ihrer Motive in unserem Psalm wiederfinden: Das Wohin und Warum, die Verlassenheit und die Last, den Rufer und das Laß-dich-Bitten. Aber auch: Zuflucht und Geborgenheit, Vertrauen und Hoffnung, das Behütetsein und den Frieden, das Laß-dich-Finden, um erquickt zu werden. Und immer wieder in den verschiedensten Ausdrucksformen: das Gehaltensein von Gottes Hand!

Das ist auch unser Stichwort aus Psalm 73; denn ein Vers dieses Psalms ist ja besonders bekannt: „Dennoch bleibe ich stets an dir, denn du hältst mich bei meiner rechten Hand" (V 23). Vor allem der erste Teil dieses Verses ist bekannt: „Dennoch bleibe ich stets an dir", zitiert ohne den zweiten Teil: „. . . denn du hältst mich bei meiner rechten Hand" kann er jedoch problematisch werden. Erst die Zusammenschau läßt die Spannung dieses Wortes fruchtbar werden. Denn daß uns dieses Wort bekannt ist, heißt noch lange nicht, daß wir es wirklich kennen. Immer wieder will es neu buchstabiert, geübt und realisiert sein.

Wenn der Psalmdichter Asaph bekennt: „Dennoch bleibe ich stets an dir . . .!", dann bringt er zum Ausdruck, was „Glaube an Gott" ist. Das wird uns bewußt, wenn wir den Psalm mit seinen verschiedenen Aussagen auf uns wirken lassen. Dieses Bekenntnis ist nicht im Handumdrehen entstanden. Es ist das Ergebnis eines Reifeprozesses. Man kann die Stationen, die dazu führen, nicht einfach überspringen. Mir wird das immer wieder deutlich, wenn ich Biographien von Männern und Frauen lese. Denken wir an Paul Gerhardt mit seinen bekannten Liedern, z. B.: „Befiehl du deine Wege . . .“; an die Inschrift auf seinem Grabstein: „Ein in Satanas Sieb gesichteter Theologe.“ Wer den Glauben der Väter leben will, muß auch den Weg der Väter gehen!

Auch die Menschen der Bibel dürfen wir mit ihren Bekenntnissen nicht losgelöst von dem Weg, auf dem sie sie gemacht haben, sehen. Paulus z. B. mit seinem: „Ich vermag alles durch den, der mich mächtig macht, Christus“ (Phil. 4,13), darf nicht losgelöst gesehen werden von seinen anderen Worten: „Trübsal bringt Geduld; Geduld aber bringt Erfahrung; Erfahrung aber bringt Hoffnung; Hoffnung aber läßt nicht zuschanden werden“ (Röm. 5,3–5).

„Dennoch bleibe ich stets an dir . . .“ – ist nicht das Bekenntnis eines Mannes, der sich auf sich selbst verläßt, der seinen Glauben als Leistung ansieht, der sagt: Ich habe ein unerschütterliches Gottvertrauen; ich halte an Gott fest; mag kommen, was will, mir kann nichts geschehen. Nein – hier spricht jemand, der sich nicht scheut, einzugestehen, daß das Leben derer, die nicht nach Gott fragen und es auf diesem Weg offenbar zu Erfolg, Ansehen, Ehre und Karriere bringen, die dazu noch ein glückliches Familienleben führen und gesund sind – daß diese Gott-losen ihm zu einer schweren Anfechtung werden. Ja, er schämt sich nicht, zuzugeben, daß er beinahe an Gott irre geworden wäre; beinahe hätte er den Glauben an Gott aufgegeben: „Es fehlte nicht viel, und ich hätte alles aufgesteckt; ich wollte von dem ganzen frommen Kram nichts mehr wissen“ (V 2).

Nicht, daß er zweifelt, ob es überhaupt Gott gibt. Diese Art Zweifel geht selten an die Nieren. Er ist nicht vergleichbar mit dem Zweifel, der ihn quält. Ihm ist fraglich geworden, ob sich Gott überhaupt um ihn kümmert; ob Gott etwas an ihm liegt; ob Gott nach ihm fragt. Was hätte sonst all sein Bemühen, Gott in seinem Leben ernst zu nehmen, für einen Sinn, wenn Gott am Ende gar nichts an ihm liegt? Existentiell erdrückend ist seine Not, wenn er auf die Menschen sieht, die ohne Gott leben. Da versteht er Gott nicht mehr.

Sie fragen nichts nach Gott, und es geht ihnen trotzdem gut. Man braucht Gott nicht, um glücklich zu sein. Stimmt das? Das ficht ihn an. Das ist zum Heulen. Sie leben nach ihren eigenen Maßstäben und das nicht schlecht. Sie bringen es zu etwas. Ja, sie scheuen sich noch nicht einmal, mit Stolz und Verachtung auf die herabzusehen, die nach den Maßstäben Gottes bemüht sind zu leben, die nach seinem Willen fragen. Und das erschütterndste dabei ist noch: Er kann ihnen am Beispiel seines Lebens gar nicht das Gegenteil beweisen. Er kann nicht demonstrieren, daß es sich mit Gott gut leben läßt. Ihm geht es ja schlecht.

Jeden Morgen neu ist er geplagt: „Ich bin doch täglich geplagt, und meine Züchtigung ist alle Morgen da" (V 14). Was es war, wir wissen es nicht. Depressionen? Die Gedanken im Zusammenhang mit dem Warum? Neid? Vergleichsdenken . . .? Jedenfalls, er leidet Qual. Er meint, es geht nicht mehr. Sein Gottvertrauen ist auf dem Prüfstand. Es stellt sich ihm die Sinnfrage seines Lebens mit Gott. Er ist nach Geist, Seele und Leib angefochten. In seiner ganzen Existenz erschüttert. „Beinahe . . ."

Was hält Asaph zurück, in das Dunkel der totalen Verzweiflung zu fallen? Er gibt selbst die Antwort: „Dann hätte ich mein ganzes bisheriges Leben sinnlos gemacht, und den Geschwistern der Gemeinde wäre ich in den Rücken gefallen." „Hätte ich gedacht: Ich will reden wie sie, siehe, dann hätte ich das Geschlecht deiner Kinder verleugnet" (V 15). Hätte er also aufgesteckt, hätte er gesagt: Es hat ja doch alles keinen Sinn mehr, daß ich mich zu Gott halte; der kümmert sich ja doch in keiner Weise um mich; dann hätte ich alle, die im Glauben an Gott lebten und die heute mit ihm ihren Kummer, ihre Krisen und Konflikte meistern, tragen und ertragen, als Phantasten abgeschrieben. Ich hätte ihr Leben, das ein Zeugnis für Gottes Tragen, für sein Eingreifen und Führen ist, als eine Lüge hingestellt. Ich hätte den Glauben der anderen als Schwindel hingestellt.

Es ist in der Anfechtung unseres Glaubens eine Hilfe, wenn wir uns klarmachen, daß die Menschen, die ihren Glauben mit Gott lebten und ihn auch heute mit Jesus praktizieren, keine Narren und Phantasten sind.

Da sind z. B. die vielen langzeitkranken Hörer – über 600 – mit denen wir von der Seelsorgeabteilung des Evangeliums-Rundfunks korrespondieren, die seit 10, 20, 30, 40 Jahren ihre Schmerzen und Anfechtungen, ihr Leid und Leiden, ihre Nöte und Fragen über den unverstandenen Wegführungen aus der Abhängigkeit von Jesus tragen und ertragen. Ihr gelebtes Zeugnis – diese Zeugnisse der Blinden und Gelähmten, der Behinderten und Krebskranken, der vielen Gemütskranken – ihr gelebtes Zeugnis von der haltenden und durchtragenden Hand Gottes spricht für sich!

Da ist Schwester Gisela, Diakonisse, 43 Jahre alt. Anfang 1981 bekam sie aufgrund von hohem Diabetes ein Bein amputiert. Es ging ihr besser; sie lernte mit Prothese gehen. Doch dann kam ein Schlaganfall. Und Ende 1982 die Amputation des zweiten Beines. Einen Tag davor schrieb mir Schwester Gisela: „Wenn Gott mich für sich transparent machen will, wohlan, dann habe ich ein Ja dazu . . .!" Sie ist dann kurze Zeit danach heimgegangen.

Ein solches Zeugnis spricht für sich. Ich meine, wir können uns nicht anmaßen, den Glauben eines solchen Menschen als unreal zu bezeichnen. Wir tun es aber, wenn wir annehmen, Gott frage nicht danach, wie es uns geht, er kümmere sich nicht um uns.

Mag sein, daß wir als Betroffene noch in anderer Weise angefochten sind; daß wir sagen: Was hilft mir das unerschütterliche Gottvertrauen anderer? Mir fehlt es ja gerade. Gut, man kann nicht vom Glauben anderer leben, aber man kann daraus Ermutigung erfahren. So erging es auch dem Psalmisten. Er wird dadurch zurückgehalten, sein Gottvertrauen ganz über Bord zu werfen. Zwar begreift er Gott immer noch nicht. Vielmehr kommt er immer wieder an diesen Punkt, wo alles auf die Frage hinausläuft: Warum, warum läßt Gott das zu? Ich kann es nicht begreifen (V 16.17).

Doch dann berichtet er: „Durch eine ernste Krankheit kam ich endlich einmal aus dem Druck heraus und zum Nachdenken. Zuerst ging mir noch alles durcheinander, dann aber klärte sich beim Überdenken und sinnenden Beten der ganze Wirrwarr meiner Gedanken und Gefühle. Mir fiel ein, daß ja alles aufs Ziel ankommt. Man soll keinen vor seinem Tode glücklich preisen." Mit anderen Worten: „So sann ich nach, ob ich's begreifen könnte, aber es war mir zu schwer – bis ich ging in das Heiligtum Gottes und merkte auf ihr Ende" (V 16.17). Vielleicht möchten Sie einwenden: Ich kann aber Gott in seinem Handeln nicht begreifen. Doch das sollten Sie nicht zu schnell tun. Denn das Vertrauen auf den lebendigen Gott ist ja kein blindes Sich-Ergeben in ein unbegreifliches Schicksal. Der Glaube schließt das Verstehen nicht einfach aus. Er übersteigt es. Er gibt Weitsicht!

Wenn wir einen Menschen, mit dem uns eine tiefe Gemeinschaft verbindet, überhaupt nicht mehr verstehen und dieses Mißverstehen hält an und die Liebe erkaltet, steht auch das Vertrauen in Gefahr, wenn man sich nicht mehr sucht. Und wenn ein Mensch Gott überhaupt nicht mehr versteht, wenn er sein Handeln und Führen nicht mehr begreift, diesen Gott, der sich von den Seinen Vater nennen läßt, nicht mehr liebt, besteht die Gefahr, daß das Vertrauen, das „mein Gott!" verblaßt, daß das Wissen, das denen, die Gott lieben, alle Dinge zum Besten dienen (Römer 8,28), verlorengeht. Aber auch das Umgekehrte trifft zu: Vertrauen kann fest werden, weil der Angefochtene sich von Gott gehalten weiß.

Wenn das Aufbegehren nicht das letzte bleibt, sondern einmündet in das Suchen Gottes, in das „Mein Gott, mein Gott, warum . . .?", dann wird diesem Fragen auch Antwort. Wenn aus dem „Gott, ich verstehe dich nicht mehr" ein „aber ich vertraue dir" heranreift, geschieht etwas. „Bis daß ich ging ins Heiligtum", damit umschreibt der Psalmist die Wende. Gott ist am Wirken. Gott läßt dem angefochtenen Menschen eine Erkenntnis zuteil werden, die ihm ein Aufatmen in seiner bisherigen Qual schenkt. Er ging ins Heiligtum. Da traf ihn Gottes Wort. Es war, als drehte ihm jemand ein Licht an. Er sah klar: „Ich erfaßte Gottes heiliges Walten, ich hatte acht auf ihr Ende." Es ist ganz wesentlich, daß wir uns viel Zeit gönnen, uns genügend mit Gottes Wort beschäftigen; daß wir die Gemeinschaft mit unserem Herrn nicht vernachlässigen, um Licht, Weisheit, Erkenntnis zu gewinnen über seine Wegführungen und Ziele mit unserem Leben.

„Bis daß ich erfaßte Gottes heiliges Walten." Da wird etwas Schöpferisches von Gottes Geist im Herzen des Menschen bewirkt. Der in seinem Glauben bedrängte Mensch begreift ganz neu – es geht ihm ein Licht auf –, was es bedeutet, wenn Gott zu ihm spricht: Ich bin dein Gott. Ich gebe, ich schenke mich dir. Hinter diese Erkenntnis weicht nun alles andere zurück, was bedrängend auf ihn einstürmte und seinen Glauben tödlich treffen wollte.

Die anderen stehen auf schlüpfrigem Boden, sie fallen, sie stürzen zu Boden – aus der Traum und – du hältst sie nicht, denn sie fragen ja nicht nach dir. Jetzt begreift er. Jetzt erkennt er! Von diesem Standpunkt aus sieht nun alles anders aus. Es gilt bei allen Überlegungen, das Ziel des Glaubens im Auge zu behalten: Wir sind berufen zur ewigen Gemeinschaft mit Gott. Das ist kein Vertrösten auf ein besseres Jenseits. Nein, diese Gewißheit gibt die Kraft, den Weg zu diesem Ziel getrost unter die Füße zu nehmen.

Nun zeigt es sich deutlich, in welchem Maße die Anfechtung die Sicht völlig verzerrt hat. War vorher Auflehnung: „Von der Mühsal der Sterblichen sind sie frei, sie sind nicht geplagt wie andere Menschen", so kann der Psalmist aufgrund seines neu gewonnenen Standpunktes bekennen: „Ja, Herr, du zahlst nicht sofort aus, was jeder verdient. Ihr böses Handeln wird sich aber einmal auswirken. So ging es den meisten, die dachten, sie könnten machen, was sie wollten. Ein Ende mit Schrecken haben sie genommen." Der Psalmist durchdenkt seinen Glauben in der Konsequenz vom Ziel her. Das schenkt ihm die neue Perspektive. Während er in seiner Anfechtung nur gesehen hatte, wie sich das Leben der Gottlosen von außen ansah, erkennt er jetzt plötzlich, wie es tatsächlich um sie bestellt ist. Er sieht, wie leer, hohl und nichtig, ja wie sinnlos ein Leben ist, wenn Gott nicht die Mitte, der entscheidende Faktor ist.

Er denkt um, ändert seine Einstellung und erkennt: Was hat der Mensch, wenn er Gott nicht hat. Sein Leben ist wie ein Spuk, wie ein Traum, der plötzlich wieder verschwunden ist. Gott aber will, daß wir bleiben, bleiben in ewiger Gemeinschaft mit ihm. In diesem Wissen wird die Anfechtung überwunden.

Was nun über die Lippen des Beters kommt, ist kein Triumphlied des eigenen Glaubens, sondern Lobpreis Gottes, der ihn im Glauben erhalten hat. Er sagt nicht: Fast wäre ich vom Glauben abgefallen, aber dann habe ich mich doch noch an Gott festgehalten. Nein – er bezeugt: Fast wäre ich vom Glauben abgefallen, aber da hat Gott mich gehalten! „Nun aber bleibe ich stets bei dir, denn du hältst mich bei meiner rechten Hand, du leitest mich nach deinem Rat und nimmst mich endlich mit Ehren an!" Oder wie wir es mit anderen Worten auch wiedergeben können: „Jetzt will ich, Herr, konsequenter zu dir stehen, denn ich weiß nun, wie du mich festhältst. Deine Worte sind gut für mich. Bitte verwirkliche deine Wege mit mir, daß ich dein Ziel mit mir erreiche." Wir können Gott nicht an der Hand nehmen, daß er uns dahin bringt, wohin wir wollen und wo unsere Wünsche erfüllt werden. Gott aber faßt unsere Hand und hält uns, daß wir nicht am Abgrund der Anfechtung stürzen. Wir dürfen, wir können ihm vertrauen!

„Dennoch bleibe ich stets bei dir, denn du hältst mich bei meiner rechten Hand, du leitest mich nach deinem Rat und nimmst mich endlich mit Ehren an. Wenn ich nur dich habe, so frage ich nichts nach Himmel und Erde. Wenn mir gleich Leib und Seele verschmachtet, so bist du doch, Gott, allzeit meines Herzens Trost und mein Teil. Aber das ist meine Freude, daß ich mich zu Gott halte und meine Zuversicht setze auf den Herrn, daß ich verkündige all dein Tun!" (23–28).

Hier wird uns der Schlüssel des Geheimnisses, sich im gottvertrauenden Denken zu bewähren, anvertraut!

Erinnern wir uns, was Asaph mit seinem Psalm eigentlich wollte. Er wollte verkündigen, was Gott tut. „All dein Tun!" Und darum erzählte er uns zunächst, wie er daran litt, daß Gott nichts tut. Um nun zu bezeugen: Es ist anders: ER hält fest – diese Gewißheit ist mein Trost und meine Freude. Wenn ich nur ihn habe!

„Daß ich verkündige all dein Tun", damit sind wir auch wieder bei dem Lebenswerk von Schwester Dorothea Steigerwald. Im Vorwort zu dem Bildband „Bleib Sein Kind" von Pfarrer Alfred Salomon geschrieben, steht am Ende: „Unser Werk soll den Meister droben loben . . . Ihm sei Ehre!" So sei es! Amen!

Sicher

HÄNDE –

Was sie vermögen, wozu sie fähig sind.

Die folgenden Wortpaare erheben keinen Anspruch auf Vollständigkeit. Sie sind gewiß verschiedentlich austauschbar und auch ergänzungsfähig. Im Grunde wollen sie das Nachdenken anregen, wozu unsere Hände fähig sind, was sie vermögen. Denn Hände sind ausführende Werkzeuge unseres bewußten und unbewußten Denkens.

Vielleicht gelingt es Ihnen, durch das Verweilen bei jedem Wortpaar einen Bezug zu Ihrem Lebensvollzug herzustellen, der Sie ermutigt, dankbar Ihre Hände zum Gebet zu falten oder aber auch betroffen Gott um Vergebung zu bitten für das, wozu Ihre Hände fähig waren bzw. sind. Daraus könnte eine tiefgreifende Bereicherung Ihres Lebens resultieren – ein Umdenken, das sich auch in einem konstruktiven Handeln Ihrer Hände zeigt.

Hände – Wortpaare

segnende	– fluchende
arbeitende	– faulenzende
geschickte	– ungeschickte
starke	– schwache
heilende	– verwundende
freigebende	– festhaltende
haltende	– loslassende
hebende	– fallenlassende

gebende	–	nehmende
schützende	–	bedrohende
saubere	–	schmutzige
wegweisende	–	irreführende
liebkosende	–	kratzende
ruhende	–	hektische
bewegliche	–	steife
offene	–	verschlossene
gesunde	–	kranke
ausgeruhte	–	müde
aufrichtende	–	niederdrückende
belohnende	–	strafende
liebende	–	hassende
sammelnde	–	zerstreuende
volle	–	leere
bittende	–	klagende
rettende	–	verlorengehenlassende
freie	–	gebundene
friedliebende	–	streitsüchtige
wohltuende	–	wehtuende
erhaltende	–	zerstörende
mächtige	–	ohnmächtige
schenkende	–	verlangende
annehmende	–	ablehnende
aufbauende	–	niederreißende
unverkrampfte	–	verkrampfte
hingebende	–	fordernde
teilende	–	raffende
formende	–	deformierende
erwählende	–	verwerfende
wirkende	–	untätige
gute	–	böse
lebenschenkende	–	tötende
zärtliche	–	grobe

Bleib Sein Kind

HÄNDE –

Aphorismen zum Bedenken,
Nachdenken,
Umdenken,
Neudenken . . .

. . . sei es
allein oder mit anderen zusammen,
in der Stille oder Hektik,
in Tagen der Gesundheit oder Krankheit,
zu Hause oder unterwegs,
im Alltag oder Urlaub,
bei Gruppengesprächen oder Einkehrtagen,
bei Seminaren oder Bibel- und Seelsorgefreizeiten . . .

. . . die zunächst zum Widerspruch reizen, wollen zur Er-
probung ermutigen. Darin findet die innere Ausein-
andersetzung ihr wirkliches Übungsfeld.

. . . um einen anderen Standpunkt einnehmen zu lernen
und dadurch eine neue Sicht von Menschen und Lebenslagen zu gewinnen.

. . . um weiser, verständiger zu werden für unser Christ-
sein, Wachsen und Reifen als von Gott geliebter Persönlichkeit.

Weil Gott mich hält, bin ich gehalten.
Kurt Scherer

Du, Vater, du rate, lenke du und wende!
Herr, dir in die Hände sei Anfang und Ende,
sei alles gelegt!
Eduard Mörike

Gottes Hände sind meine Zuversicht:
Durch alles Dunkel führen sie doch zum Licht!
Im Frieden geborgen, vom Kampf umtost,
in deinen Händen, Herr, bin ich getrost.
Hugo Specht

Wunderbare Verwandlung. Die starken, tätigen Hände
sind dir gebunden. Ohnmächtig, einsam siehst du das
Ende deiner Tat. Doch atmest du auf und legst die Rechte
still und getrost in stärkere Hände und gibst dich
zufrieden. Nun einen Augenblick berührst du selig die
Freiheit, dann übergabst du sie selbst Gott, damit er sie
herrlich vollende.
Dietrich Bonhoeffer

Heilige, gute Vaterhände führen jeden Weg zu Ende,
der die Seinen staunen läßt;
denn sein Planen und sein Raten, all sein Führen, seine
Taten sind ein Meisterwerk der Lieb.
Mutter Basilea

Lieber himmlischer Vater! Lehre mich täglich aufs neue,
meinen Weg ganz in deine Hände zu geben. Erhalte mein
Herz in der ruhigen Hingabe an dich und in dem Frieden,
den dein lieber Sohn, Jesus Christus, uns erworben hat.
Wilhelm Löhe

O Herr, du sagst mir, daß ich im Kleinen treu sein soll und in allem mit Gebet und Flehen vor dich kommen soll. Du hast mir Geld in die Hand gegeben. Gib mir ein dankbares Herz, das damit deinen Willen erfüllt. Möge ich es für dich gebrauchen und von dir die Weisheit erwarten, es recht zu verwenden!
Nach George Williams

Herr, ich bat dich: Gib mir ein Licht, damit ich sicheren Fußes der Ungewißheit entgegengehen kann. Aber du antwortest: Gehe nur in die Dunkelheit und lege deine Hand in die meine! Das ist besser als ein Licht und sicherer als ein bekannter Weg!
Aus China

Herr, du hast uns mit Gaben und Talenten ausgestattet: Hilf uns, richtig zu gebrauchen, was du uns gegeben hast, so daß wir deine Hand sind, die unsere Schwestern und Brüder stützt und zu dir, unserem Vater, begleitet.
Aus Indien

Ich kann die Freude, Herr, nur leben, die du ganz tief in mir geweckt, mich immer neu nur dir ergeben und meine Hände dankbar heben, weil deine Hände ausgestreckt.
Paul Toaspern

Auch heute sei mein Leben in deine Hand gegeben, du alles Lebens Sinn. In dir bin ich geborgen, und dieses Tages Sorgen, sie drängen einzig zu dir hin.
Fritz Schmidt-König

Geh betend in den Tag hinein; was immer er auch bringt, nimm betend es aus Gottes Hand, was fehlschlägt und gelingt.
Käte Walter

Herr, wandle unsere Nacht zum Tage, schütze uns vor
Gefahr, erleuchte unsere Augen, stärke unseren Mut,
führe uns an deiner Hand und leite uns auf den Wegen
unseres Lebens nach deinem Willen.
Bernhard von Clairvaux

Zu deinem Preis, auf dein Geheiß
will ich an meine Pflichten gehn;
wie auch die Welt sie rings umstellt,
ich will nur deinen Willen sehn.
Mein Wirken über Haus und Kind,
das ruht in deinen weisen Händen,
was sich mit deinem Plan beginnt,
das muß zu deinem Ruhm sich enden.
Annette von Droste-Hülshoff

Herr, deine unerschöpften Hände beschenken täglich
neu die Welt, weil deine Liebe ohne Ende sie wandellos
umfangen hält.
Arno Pötzsch

Auf dich, mein Herr und Gott, baue ich all mein Hoffen,
und all mein Trübsal und Angst befehle ich in deine
Hände. Geleite mich und lenke meine Schritte auf dem
Weg des Friedens zur Heimat des ewigen Lichtes.
Thomas von Kempen

Erst wenn wir unter das Kreuz treten, erkennen wir, daß
die durchschlagenen Hände uns segnen.
Paul Toaspern

Unsere Hände sind oft zu voll, um die Gaben Gottes
empfangen zu können.
Hermann Gentsch

Leg deinen Weg getrost in Gottes Hände, und du erlebst,
er führt dich.
Kurt Scherer

An Gottes Hand erlebst du Gottes Wunder bar.
Kurt Scherer

Bleib an Gottes Hand und du bist auch im dunklen Tal
getrost.
Kurt Scherer

In Gottes Hand bleibst du ein brauchbares Werkzeug.
Kurt Scherer

An Gottes Hand kannst du immer neu anfangen.
Kurt Scherer

Gehorsam Gottes Geboten gegenüber, läßt uns an seiner
Hand bleiben.
Kurt Scherer

Wie Gott dir in Jesus die Hand reicht zur Vergebung, so
reiche du sie deinem Nächsten. Da entsteht neues Leben.
Kurt Scherer

Hände, die sich in Liebe reichen, bauen Brücken, die der
Haß zerstörte.
Kurt Scherer

Gott gibt sich uns in Jesus in die Hand. Das will uns zur
Demut führen, aber nicht dazu, uns seiner bemächtigen
zu wollen.
Hermann Gentsch

An Gottes Hand durch die Tage gehn, führt an den
Abgründen des Lebens vorbei zum Ziel: der Ewigkeit.
Kurt Scherer

An Gottes Hand gehen bringt weiter, als nur von ihr zu
reden.
Kurt Scherer

Im Glauben haben wir leere Hände, aber Gott füllt sie
unbegreiflich reich.
Paul Toaspern

Gott hat's in Händen, kann alles wenden, wie nur heißen
mag die Not.
Nach Johann Lindemann

Ich weiß mich, Herr, in deinen Händen,
geborgen in der Liebe Hut.
Du kannst des Herzens Bangen wenden,
du trägst mich durch die dunkle Flut.
Was immer du mir auch magst senden,
dein Gnadenwille ist es ja.
Ich weiß, es kommt aus deinen Händen,
und deine Liebe es ersah.
So laß mich deine Hand umfassen,
die Hand, die auch für mich einst litt.
Ich weiß, du wirst mich niemals lassen
und gehst auch durch das Dunkel mit.
Käte Walter

Wenn du den Weg nicht weißt, falte deine Hände –
denn wo ist der Beter, den Gott nicht fände in seinem
Schwanken?

Wenn du den Weg nicht weißt, geh in die Stille,
aus dem Schweigen der Seele steigt Gottes Wille in deine
Gedanken.
Wenn du den Weg nicht weißt, verzage nimmer,
glaub auch im Dunkel: Gott kennt ihn immer – das sollst
du ihm danken!
Max Wedemeyer

Gottes ewige Weisheit hat von Ewigkeit her das Kreuz
ersehen, das er dir als kostbares Geschenk aus seinem
Herzen gibt. Er hat dieses Kreuz, bevor er es dir schickte,
mit seinen allwissenden Augen betrachtet, es durchdacht
mit seinem göttlichen Verstand, es begrüßt mit seiner
weisen Gerechtigkeit, mit liebenden Armen es
durchwärmt, es gewogen mit seinen beiden Händen, ob
es nicht ein Millimeter zu groß und ein Milligramm zu
schwer sei, und er hat es gesegnet. Und dann noch
einmal auf dich und deinen Mut geblickt, und so kommt
es schließlich aus dem Himmel zu dir als ein Gruß Gottes
an dich, als ein Almosen der allbarmherzigen Liebe
Gottes zu dir.
Franz von Sales

Alles in Gottes Hand legen,
alles in Gottes Hand lassen,
alles aus Gottes Hand nehmen.
UV

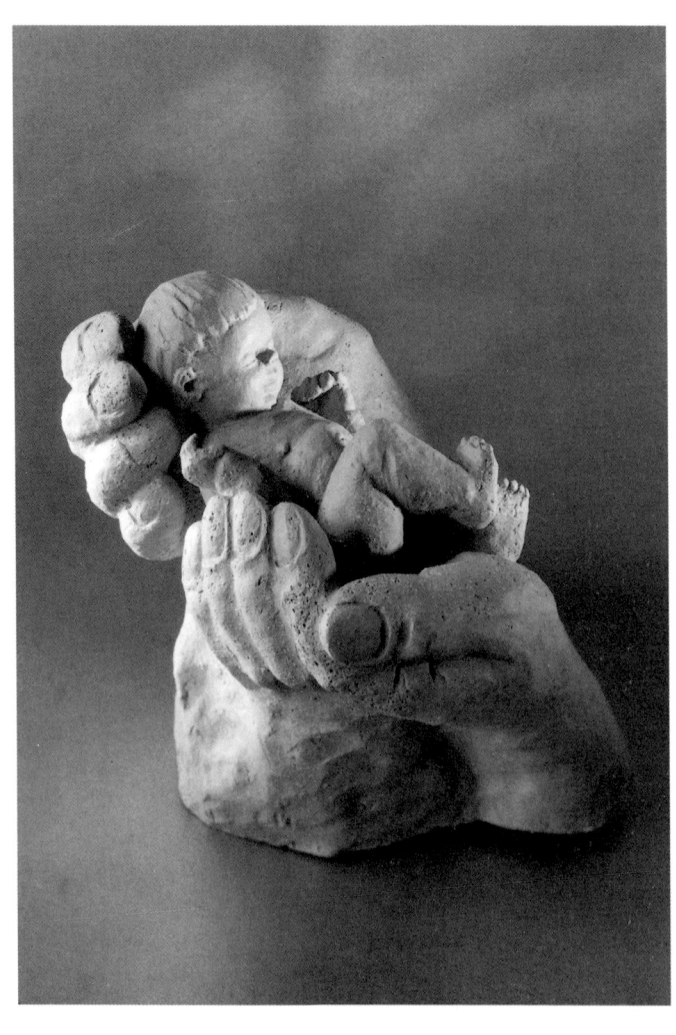

Quelle des Lebens

„DIE HAND IM SPIEL"

In letzter Zeit habe ich wieder einmal in Ernst Moder-
sohns Buch „Menschen, durch die ich gesegnet wurde"
gelesen. Dabei wurde ich unwillkürlich von dem Gedanken gepackt: Wer waren, sind denn die Menschen, durch
die du gesegnet wurdest? Oder, um bei unserer Thematik
zu bleiben, Menschen, die in deinem Leben „ihre Hand
im Spiel" hatten bzw. haben?

Ich legte das Buch zur Seite und erlebte einen Spät-
nachmittag, an dem ich in großer Dankbarkeit an Menschen dachte, die meinen Lebensweg kreuzten. Oft waren es nur kurze Begegnungen, die aber einen bleiben-
den Eindruck bei mir hinterließen. Doch Gott schenkte
mir auch Menschen, die eine Zeitlang mit mir auf dem
Weg waren, die mir Anteil an ihren Lebens- und Glau-
benserfahrungen gaben, die mein Leben bereicherten,
mein gottvertrauendes Dasein stärkten. Es waren darunter auch schwierige Menschen, in deren Gemeinschaft
mein Leben heilsame Korrekturen erfuhr und daran
reifte; die mir so zum Segen wurden.

Wie schon lange nicht mehr, wurde mir an diesem
Nachmittag, beim Überdenken der verschiedenen Begegnungen, bewußt, wie wesentlich die Frage ist, mit
wem wir Gemeinschaft haben, wessen Einfluß wir uns
aussetzen, von wem wir Rat annehmen, wer uns Vorbild
ist – eben: wer „die Hand im Spiel" hat in unserem Leben?!

In einem kleinen Kreis brachte ich ein paar Tage später
das Gespräch auf dieses Thema: Wer sind die Menschen,
die in unserem Leben „die Hand im Spiel" haben? Wir kamen zu einem guten Gedankenaustausch, und wir spür-

ten, daß uns die mit diesem Thema zusammenhängenden Fragen noch weiter beschäftigen würden; nicht nur in unserem kleinen Kreis, sondern auch im ganz persönlichen Leben.

So war es denn auch. Denn als wir uns ein paar Tage später wieder trafen, waren wir einmütig der Auffassung, daß diese Anregung, über Menschen, die in unserem Leben „ihre Hand im Spiel" hatten bzw. haben, nachzudenken, eine fruchtbare Sache sei.

Bei der Bewußtmachung mancher Begegnung gab es bei dem einen ganz neue Gründe zum Danken; andere erkannten plötzlich Zusammenhänge in ihrem Leben, die sie vorher gar nicht sahen. Wieder andere wurden an Versprechen erinnert, die sie einmal in einer besonderen Lebenslage einem Menschen gaben und die sie nicht einlösten oder die sie brachen. Sie erkannten, was sich daraus entwickelt hatte. Andere konnten gerade das Gegenteil bezeugen, daß sie gesegnet wurden, weil sie den Rat, den man ihnen gab, befolgten.

Es waren wirklich bereichernde Erfahrungen, die da zusammengetragen wurden. Zusammenfassend erkannten wir, daß wir öfters solche schöpferischen Pausen einlegen sollten, um über Menschen nachzudenken, die in unserem Leben ihre „Hand im Spiel" hatten oder haben.

Und noch ein anderer Schwerpunkt kam zum Tragen. Es ging um die Frage: Wo hat Gott in unserem Leben offensichtlich „die Hand im Spiel"? Darüber nachzudenken wurde zum Anlaß, in einer Gebetsgemeinschaft die Hände zu falten und viel Dank laut werden zu lassen für Gottes Güte und Treue, die er – auch durch Menschen – in unser Leben hat fließen lassen; auch für sein heilsames Korrigieren, und sei es unter Schmerzen, wurde Dank laut.

Ich bin überzeugt, daß Sie ähnliche Erfahrungen machen können, wenn Sie sich die Zeit und Ruhe nehmen, zum einen über Menschen nachzudenken, die in Ihrem Leben ihre „Hand im Spiel" hatten bzw. haben; zum andern aber auch darüber, wo Gott in Ihrem Leben die „Hand im Spiel" hat! Solche Überlegungen werden zu einem Tor für neue Erfahrungen mit Gott!

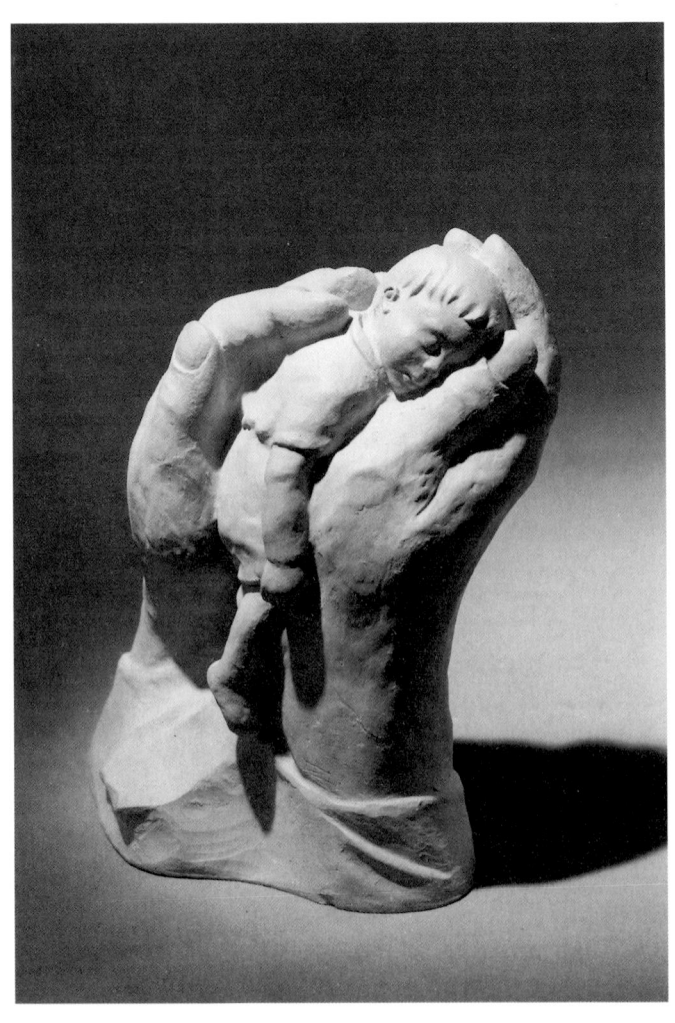

Getragen

PERSÖNLICHE ERLEBNISSE

Zärtliche Hände

„Warum haben deine Hände so viele Falten?" fragte das
Kind, und der alte Mann antwortete: „Weil sie viel erlebt
haben und viel erzählen können." – „Aber Hände können
doch nicht sprechen", meinte das Kind. „Hände sind wie
der Mensch", erklärte der Großvater. „Sie können gut
und böse sein. Alles hat Gott in unsere Hände gelegt. Wir
können damit aufbauen und niederreißen, heilen und
zerstören, geben und raffen, wir können sie zur Faust bal-
len und mit den Händen einen Menschen töten, wir können aber auch mit ihnen segnen und Wunden verbinden.
Wir können die Hände als Waffe benutzen und sie zum
Gebet falten."

Das Kind besah sich die Hände des alten Mannes und
fragte: „Hast du das alles schon mit deinen Händen getan?" – „Nicht alles", lächelte der Großvater. „Vielleicht
hast du zärtliche Hände", sagte das Kind, „so zärtliche
Hände wie Gott." – „Jetzt möchte ich aber wissen, wie du
darauf kommst", sagte der alte Mann. Er legte seine
Hände ruhend ineinander und war ganz Ohr.

„Weil ich gelernt habe, daß wir alle in Gottes Händen
ruhen. Wir müßten aber schreckliche Angst haben, wenn
seine Hände böse wären, wenn sie uns töten wollten.
Nein! Gott hat ganz zärtliche Hände." – „Und woher
weißt du das?" – „Durch die Geschichten von Jesus. Immer ist da von seinen Händen die Rede. Er legte sie auf
die Köpfe der Kinder und der Kranken, er segnete die
Menschen und das Brot." Plötzlich wollte das Kind nicht
mehr weiterreden. Es war ja auch alles gesagt. Deshalb

lief es fröhlich weg. Die Hände des alten Mannes lagen unbeweglich, in sich ruhend, als freuten sie sich an der Zärtlichkeit Gottes, als überlegten sie, für was sie zum Heil werden konnten.

Doch dann wurden sie unruhig. Die Finger verschlangen sich ineinander. „Herr, warum waren wir für dich nicht das, was wir sein sollten?" schienen sie zu sagen. Es war eine traurige und auch ein wenig angstvolle Gebärde. Langsam und sehr behutsam erhob sich eine der beiden Hände und streckte sich jemandem entgegen, der nicht anwesend war und doch alles umfaßte. Es war wie ein Brückenschlag von Hand zu Hand. Und da die Stunde so reich war, falteten sich die Hände zum Gebet:

„Herr, weil ich weiß, daß du mein Retter bist,
vertrau ich still.
Weil du für mich das Lamm geworden bist,
vertrau ich still.
Weil ich durch dich dem Tod entrissen ward,
präg tief in mich, Herr, deine Lammesart."

Festhaltende Hände

Ich erinnere mich an Begebenheiten in meiner Kindheit, wo ich den Händedruck meines Vaters als Zeichen tiefer Geborgenheit besonders wohltuend empfunden habe.

Ob das auf der Flucht vor den Tieffliegern war oder beim Einmarsch der Besatzungsmächte; ob das war, als wir durch einen dunklen Wald mußten oder Hindernisse zu überwinden hatten; ob das war, wenn wir an bissigen Hunden oder bösen Menschen vorbei mußten ... Es war gut, daß ich meines Vaters Hand spürte und er mich festhielt.

Nun bin ich längst selbst Vater von drei Söhnen und habe ähnliches erfahren mit ihnen. Sie gingen gern an ihres Vaters Hand und lernten so Vertrauen üben, mit Ängsten leben, schwierige Lebenslagen bewältigen. Darüber freuen wir uns!

Mein Vater lebt schon lange nicht mehr; aber ich habe in der Zwischenzeit eine noch stärkere Hand gefunden, auf die uneingeschränkt Verlaß ist. An dieser Hand kann ich in Zeiten der Ungewißheit und des Dunkels, in schwierigen Lebenslagen und Anfechtungen getrost meinen Weg gehen. Es ist die Hand meines himmlischen Vaters!

Im Laufe meines Lebens habe ich erfahren, wie diese Hand führt, stärkt, beschützt, so daß ich gerne in das Bekenntnis des Psalmisten mit einstimme: „Dennoch bleibe ich stets an dir; denn du hältst mich bei meiner rechten Hand . . ." (Psalm 73,23).

Tröstende Hände

Muttertag – welchen Bezug haben wir eigentlich dazu? Natürlich, wir sind erwachsene Menschen, und da wird ziemlich nüchtern über einen solchen Tag geurteilt. Wir haben da auch unsere Argumente: „Wer sonst keine Beziehung zu seiner Mutter hat – der Muttertag macht's dann auch nicht." Das ist schon wahr. Trotzdem sollte man nicht so schnell zur Tagesordnung übergehen.

Vielleicht klappt es doch mit einem Besuch. Und damit er nicht zu einer Pflichtübung wird, die man schnell hinter sich bringt, wie wär's mit Vorüberlegungen: Worüber würde sich Mutter freuen? Was wäre ein sichtbares Zeichen meiner Dankbarkeit? Wann habe ich zum letzten

Mal von Herzen „danke" gesagt; in echter Anteilnahme mich nach ihrem Ergehen erkundigt; Zeit mitgebracht, um ihr in Ruhe zuzuhören . . .?

Aber nicht jedem ist es möglich, einen Besuch zu machen. Doch zu einem Telefonat sollte es in jedem Fall reichen. Ein Brief einmal, der anders klingt als sonst. Der nicht nur berichtet, was in der letzten Zeit geschehen ist und wie es in der Familie geht, was die Kinder machen . . . Wie wär's mit einem Brief, der an besondere, von der Mutter empfangene Wohltaten dankbar erinnert?!

Es gibt manche, die würden gerne ihre Mutter besuchen. Sie würden auch gerne mit ihr in Ruhe telefonieren oder einen Brief ihr schreiben. Aber sie können es nicht mehr, weil ihre Mutter gestorben ist. Ich gehöre auch zu denen, die diese Möglichkeit nicht mehr haben. Aber ich schicke an diesem – und nicht nur an diesem – Tag Gedanken auf den Weg, Gedanken, die Orte und Situationen aufsuchen, an bzw. in denen meine Mutter mir unvergeßlich geblieben ist.

Besonders denke ich da an Lebenslagen, wo es ums Trösten ging. – Wie tröstet denn eine Mutter ihr Kind, wenn es sich weh getan hat? Mutter sagte nicht: „Sei still. Nimm dich zusammen. Nun hör endlich auf mit dem Heulen." – Nein, Mutter tröstete mich, indem sie mich in die Arme nahm und an ihr Herz drückte. Der Trost war sie selber, ihre Liebe, ihr Verstehen, ihre streichelnde Hand. Der körperliche Schmerz mochte bleiben; ich war doch getröstet, weil ich mich geborgen fühlte in der Liebe meiner Mutter, die handgreiflich im Umarmen für mich wurde.

Das habe ich später in meinem Leben – in übertragenem Sinne – durch Gott noch viel umfassender erfahren, sagt er doch zu und hält es auch: „Ich will dich trösten, wie einen seine Mutter tröstet" (Jesaja 66,13). Ich erlebe, weil ich mir seine Liebe gefallen lasse, wie wahr diese seine Worte sind und kann daher mit dem Psalmisten bezeugen: „Von allen Seiten umgibst du mich und hältst deine Hand über mir . . .“ (Psalm 139,5).

Rettende Hände

Es war an einem heißen Nachmittag im August. Wir waren mit Freunden zum See gefahren und freuten uns aufs Baden. Ich war etwa 6 Jahre alt und konnte nicht schwimmen. Daher hatten die anderen einen aufgeblasenen Autoschlauch für mich mitgenommen. In ihm konnte ich auf dem See paddeln, während die anderen schwammen. Es machte mir riesig Freude.

Plötzlich ein Stoß von der Seite. Ich schrecke zusammen. Verliere den Halt. Rutsche durch den Reifen. Schreie um Hilfe. Doch es gibt keinen Halt. Ich gehe unter.

Wie lange das alles dauerte, ich weiß es heute nicht mehr. Eins aber weiß ich noch, denn ich spürte es: Hände griffen nach mir, rettende Hände. Es waren die Hände meiner Geschwister. Sie hatten mein Schreien gehört. Sie packten mich fest und zogen mich aus der Tiefe des Wassers ans Ufer. Neu war ich dem Leben geschenkt.

Später wurde mir dieses Erleben manchesmal zum Bild für den rechten Umgang mit Krisen in meinem Leben und Glauben. Ich habe gelernt und lerne da immer weiter, aus meinen Bedrängnissen, meinen Nöten, Anfechtungen ein Gebet zu machen, das komprimiert so lautet: „Herr, hilf mir, ich versinke!“, und dann erfahre ich auch, was Petrus erlebte: „Jesus aber reckte seine Hand aus und ergriff ihn . . .“ (Matthäus 14,31).

Segnende Hände

Ein besonderes, persönliches Erlebnis steht in Gedanken vor mir, wenn ich an „segnende Hände" denke.

Ich war 20 Jahre alt; als Predigtgehilfe in D. eingesetzt. Zu meinen Aufgaben gehörte es auch, Besuche bei Gemeindegliedern zu machen. Eigentlich tat ich es gerne. Nur wenn es darum ging, Langzeitkranke zu besuchen, da wollte sich oftmals die Verzagtheit meiner bemächtigen. Fragen wie: Was soll ich sagen? Wie mich verhalten? Was tun? wurden zu Saboteuren in meinem gottvertrauenden Denken. Sie hatten lähmende Wirkung, verunsicherten mich, ja machten mich verzagt.

Wieder war ich an einem Nachmittag zu Besuchen unterwegs. Auf der Liste stand auch der Besuch bei „Mutter G.". Sie lebte allein. Aufgrund von Gicht konnte sie sich nur noch mühsam bewegen und schon lange keinen Gottesdienst mehr besuchen.

Ich traf sie in ihrem Giebelzimmerchen an. Noch bevor ich mich nach ihrem Ergehen erkundigen konnte, hatte sie mich in ein Gespräch über Gottes Liebe und Güte, seine Treue und Fürsorge in ihrem Leben verwickelt.

Ich kam aus dem Staunen nicht heraus, in welcher Weise hier ein Mensch sich in Gottes Fürsorge geborgen wußte, obwohl sein Leben bisher wenig von der Sonnenseite mitbekommen hatte. Das Geheimnis lag darin, daß sich „Mutter G." immer von Gottes Hand geführt wußte, und das in „Freud und Leid, in Glück und Not".

Und dann geschah das, was ich bis heute nicht vergessen habe, was bis heute nachwirkt. Als ich mich nach gemeinsamem Bibellesen und Gebet verabschiedete, legte „Mutter G." ihre beiden Hände auf meine Schultern und sagte: „Der Herr segne Sie!" – Ich ging als Gesegneter von ihr, und so war es dann immer, wenn ich sie besuchte.

In der Zwischenzeit habe ich in vielen Lebenslagen selbst erfahren, daß man von Gottes Hand geführt ein Gesegneter ist. Und auch das andere: Segnen ist ein Wohltun, wie es Jesus tat: „Er hob die Hände auf und segnete sie . . .“ (Lukas 24,50).

Bewahrende Hände

Es war Anfang des Jahres. Ich war mit dem Auto unterwegs zum Arzt. Da es stellenweise glatt war, hatte sich eine Wagenkolonne gebildet. Wir bewegten uns im Schritt-Tempo, standen einige Augenblicke, fuhren wieder ein paar Meter. Es ging langsam voran.

Wir hatten uns wieder in Bewegung gesetzt. Da kam 100 Meter vor mir auf der Gegenfahrbahn ein Kleinbus ins Rutschen. Der Fahrer steuerte noch gegen, aber es half nichts. Er kam auf die weißen Markierungsstreifen einer Verkehrsinsel. Das beschleunigte sein Rutschen noch. Immer schneller kam er auf mich zu. Ich sah es, konnte weder nach links noch nach rechts ausweichen, weder schneller noch langsamer fahren. In wenigen Augenblicken mußte es krachen. Und so war es denn auch. Frontal schoß er in meinen Wagen. Mein Sicherheitsgurt hielt mich fest!

Doch dann krachte es zum zweiten Mal. Der Kleinbus hatte sich nach dem Aufprall gedreht und meinen Wagen am Heck nochmals erwischt. Nun hielt mich der Gurt nicht mehr fest. Intuitiv tat ich meine Hände vors Gesicht. Wie durch einen Pistolenschuß wurde durch meinen Ehering die Scheibe durchschlagen und zersplittert. Mit dem Brustkorb prallte ich aufs Lenkrad, mit den Knien unters Amaturenbrett und mit dem Kopf an den linken Türholm, bevor ich wieder in den Fahrersitz zurückgeschleudert wurde.

Eigenartig, was ich in diesen Augenblicken empfand: Schmerzen im ganzen Körper, die unterschiedlichsten Gedanken gingen blitzartig durch meinen Kopf, zugleich hatte ich eine tiefe Ruhe in mir, aber auch eine Geist, Seele und Leib umfassende tiefe Erschütterung.

Einem umsichtigen Verkehrsteilnehmer, der umgehend anwesenden Polizei und einer umsichtig handelnden Besatzung eines Malteser-Krankenwagens habe ich es zu verdanken, daß dieser Totalschaden nicht noch schlimmere Folgen hatte und ganz schnell eine Krankenhausversorgung stattfand.

Noch auf dem Weg dorthin wurde mir klar, daß es nicht nur meine Hände waren, die mich am Kopf vor größerem Schaden bewahrt hatten, sondern ein anderer seine „Hand im Spiel" hatte; daß Gott seine bewahrenden Hände über mich gehalten hatte. Das gab mir in aller Unruhe inneren Frieden, auch wenn Fragen nach dem Warum und Wozu offen blieben.

Wie gut kann ich den Psalmisten verstehen, wenn er von Gott bekennt: „Wenn ich mitten in der Angst wandle, so erquickst du mich und streckst deine Hand über den Zorn meiner Feinde und hilfst mir mit deiner Rechten . . ." (Psalm 138,7).

Friede

SEELSORGERLICHE ERFAHRUNGEN

Aufrichtende Hände

Wir leben in einer Zeit, die von der Spannung geprägt ist: wundersüchtig – wunderflüchtig.

Die einen meinen: In jedem Fall sei es ein Mangel an Glauben, wenn man krank bleibe. Dem lebendigen Glauben müßte alle Krankheit weichen. Dabei setzt man die in Jesus Christus erfahrene Erlösung gleich mit irdischem Wohlergehen.

Die anderen meinen: Zunächst erst einmal alle Heilmittel ausprobieren, sei das Angebrachte. Es ist für Leute Jesu aber kein richtiges Verhalten, wenn sie alles versucht haben, sich zuletzt dann an ihren Herrn zu wenden. Gott will immer zuerst konsultiert sein, nicht erst dann, wenn es heißt: Da kann man nur noch beten.

Gott kann mit und ohne Arzneimittel helfen. Dabei betone ich ausdrücklich: Arzneimittel und Arzt sind eine Gabe Gottes (Jesus Sirach 38,1–15).

Für manchen mag es selbstverständlich sein, daß er sich bei der Handauflegung, der Segnung und dem Gebet des Glaubens (Markus 16,18; Jakobus 5,14–16) von Arzneimitteln enthält; für andere ist es keine Beschneidung der Ehre Gottes, wenn sie trotz Arzneimitteln darum bitten, daß ihnen die Hände aufgelegt, mit ihnen und über ihnen gebetet und sie gesegnet werden. Jedenfalls sollte man sich davor hüten, es Glaubensmenschen nachmachen zu wollen, ohne den Glauben solcher Menschen zu haben.

Unser Vertrauen, daß Gott aufrichtet, stützt sich auf sein Wort (2. Mose 15,26; Matthäus 4,23; 8,16 f.; 10,8; Römer 8,11; 1. Korinther 6,19; 12,4). Dieses Aufrichten – so ist es meine persönliche Erfahrung – kann ganz unterschiedlich aussehen:

- Heilung der Krankheit; Gott schenkt Gesundung.
- Besserung der Krankheit; in dem Maße, wie ich lerne, Gottes Wort und Geist gehorsam zu werden, schenkt Gott Genesungskräfte.
- Stillstand der Krankheit; auch das liegt in Gottes Ermessen.
- Leben mit der Krankheit unter des Herrn Zuspruch: „Laß dir an meiner Gnade genügen; meine Kraft kommt in deiner Schwachheit zum Ziel" (2. Korinther 12,9).

Wir dürfen wissen: „Gott gibt denen das Beste, die ihm die Wahl lassen" (Römer 8,28). Darin offenbart sich seine aufrichtende Hand (Markus 1,31). Wir erwarten ja nicht Wunder um der Wunder willen, sondern daß Gottes Name gepriesen werde, wenn er „wunder-bar" handelt!

Die beiden Hände

Über 25 Jahre waren sie miteinander verheiratet. Prachtvolle Menschen, doch grundverschieden in ihrer Persönlichkeit.

Die Probleme im Miteinander waren in letzter Zeit größer geworden. Sie stritten viel mehr als früher miteinander, ohne dabei wieder zueinander zu finden; setzten sich gegenseitig unter Druck durch falsche Erwartungen an sich selbst und aneinander. Das Miteinander wurde zur Überforderung. Sie taten sich mit Worten weh, obwohl sie es gar nicht wollten. Sie sahen die Gefahr, sich weiter auseinanderzuleben. Allein kamen sie nicht mehr zurecht. So suchten sie die Eheberatung auf.

In einem von vielen Gesprächen war es uns geschenkt, daß ganz neu Verständnis füreinander erwachte. Die Geschichte von den „beiden Händen" half uns dabei. Ich erzählte ihnen:

„Es sagte einmal die kleine Hand zur großen Hand: Du, große Hand, ich brauche dich, so wie die Blume emporrankt am Holz, das ihr Halt gibt. Ich bedarf deiner Kraft und deiner Erfahrung mit all den Dingen, die du gestaltest. Ich möchte lernen von dir, wie man das Schwächere birgt, hegt und behütet, den jungen Vogel, der aus dem Nest fiel, und die Geschöpfe, die uns Menschen anvertraut sind, wie man den Strauchelnden hält und den Geängstigten Mut gibt, wie man dem Unrecht wehrt und für das Notwendige einsteht.

Ich bitte dich, daß ich dir zugewandt sein darf ohne Arg und daß du nach Zeiten der Arbeit und Mühe mit mir spielen wirst und dich auftust dem Leben, das uns gemeinsam geschenkt ist.

Und es sagte die große Hand zur kleinen Hand: Du, kleine Hand, ich brauche dich, damit ich nach Hasten und Lasten der Tage einmal ausruhen kann und gelöst sein kann und feiern, mich hingeben an Sonne und Wind. Ich möchte lernen von dir das so lange vergeßne Vertrauen: Einer ist da, der mich hält und führt und begleitet! Mit dir möchte ich wieder ein Gebet versuchen, das sich bittend dem hingibt, in dessen Treue wir alle geborgen sind, auch die Zweifler.

Ich bitte dich: Wenn ich verkrampft bin in Zorn und Verzweiflung, müde und matt von den Niederlagen des Tages, sei bei mir wie heute, einfach hingehalten und offen, daß meine Schatten vertrieben werden vom Licht. Du, kleine Hand, zeige mir immer wieder das Wunder, daß wir unsagbar geliebt sind!"

Es trat eine lange Pause ein. – Dann sprachen wir noch

von der Hand des himmlischen Vaters, der die „beiden Hände" – die kleine und die große – als selbständige Persönlichkeiten im Wir selbst in seinen Händen hält. Und wir sprachen von Jesu Zusage: „Niemand wird sie aus meiner Hand reißen . . ." (Johannes 10,28).

Ein neues Entdecken-, Kennen-, Verstehen-, Annehmen- und Liebenlernen begann. Sie üben, daß die kleine und große Hand einander bedürfen und ergänzen und erfahren, wie wohltuend das ist!

Betende Hände

Sie hatten von Jesus viel gehört; gingen auch mit zum Gottesdienst, lasen in ihrer Bibel und beteten. Doch dann kamen die „Sturm-und-Drang-Jahre". Da bangten die Eltern um sie.

Gottesdienstbesuche, Bibellese und Gebet wurden weniger. Sie nahmen – so sah es wenigstens aus – ihr Leben selbst in die Hand. Nicht daß sie böse oder schlechte Wege gingen. Nein, doch sie hatten viele Fragen an „Gott und die Welt". Meistens endeten die Gespräche darüber in der Familie in einer fruchtlosen Diskussion.

Die Eltern waren stark verunsichert in ihrem Verhalten. So suchten sie im seelsorgerlichen Gespräch Rat. Verschiedenes wurde uns dabei klar:

- Unsere Kinder sind eine Leihgabe Gottes an uns. Wenn wir sie als solche annehmen, werden wir sie nicht als unseren Besitz betrachten, über den wir verfügen können. Dieses Wissen will uns in eine neue entspannte Haltung ihnen gegenüber bringen. Sie ist Grundvoraussetzung für notwendiges Vertrauen.
- Alles Gutgemeinte – das meistens falsch, weil ichbezo-

gen ist – werden wir zurückstellen lernen. Dafür geben wir unsere Kinder bewußt in Gottes Hände ab. Wir öffnen ihnen damit einen Freiraum zu ihrer Persönlichkeitsentwicklung. Das heißt: Wir gestehen ihnen auch zu, daß sie Fehler machen. Trotzdem behalten wir sie lieb, zeigen es ihnen auch, auch dann, wenn wir nicht gutheißen, was sie tun. Dabei vertreten wir unseren Standpunkt, aber wir zwingen ihnen denselben nicht auf. Wir lernen von Jesus, zwischen Sünder und Sünde zu unterscheiden. Den Sünder nahm er an und liebte ihn, die Sünde lehnte er ab und haßte sie!

- Unsere Aufgabe ist, unseren Kindern Jesus in Wort und Tat zu *be*zeugen; sie von ihm zu *über*zeugen ist Aufgabe des Heiligen Geistes. Diese Gewißheit entkrampft. Unsere Kinder wissen ja, daß wir Jesus lieben und daß unser Leben ihm gehört. Und sie kennen auch alle unsere Schwachheiten in dieser Nachfolge. Also wollen wir unser Gottvertrauen dadurch unter Beweis stellen, daß wir damit rechnen, daß Gott auch mit ihnen zu seiner Zeit zurechtkommt. Unser Vorbild, unser Sein aus dem Glauben ist gefragt!

- Diese Haltung ermutigt unsere Kinder, mehr an Jesus zu glauben, als wenn wir ihnen ständig damit in den Ohren liegen und damit eigentlich unser mangelndes Gottvertrauen zum Ausdruck bringen. Aus dieser neuen Einstellung resultiert, daß wir in dieser Zeit mehr *mit Gott* über unsere Kinder sprechen als mit unseren Kindern *über Gott*.

- Klar wurde uns, was Paul Gerhardt so deutlich ausdrückt: „Mit Sorgen und mit Grämen und mit selbsteigner Pein läßt Gott sich gar nichts nehmen: es muß erbeten sein."

  Das heißt zugleich aber auch: Wir wollen unsere Kinder nicht *um*beten nach unseren Vorstellungen, Wünschen und Erwartungen, sondern wir wollen sie um*beten*, sie loslassen in den Freiraum der Liebe Gottes (Lukas 15,11–32), in seine fürsorgenden und zugleich zurechtweisenden Hände, von denen es heißt: „. . . die rechte Hand des Höchsten kann alles ändern" (Psalm 77,11).

Offene, leere Hände

So stand er vor mir: zwei geballte Fäuste. Die Finger verkrampft. Die Nägel gruben sich in seine Handflächen.

Seine Haltung war zeichenhaft für seine Gesinnung: In sich selbst verschlossen. Mit sich selbst im Widerstreit. Ich mit mir allein! Nur nichts vergeben. Nichts loslassen! Ständig Angst, etwas zu verlieren: seinen Besitz, seine Zeit, ein Privileg, eine Beziehung, einen Menschen . . . ja, sich selbst.

Hände, krampfhaft zu Fäusten geballt, sind unfähig, Neues zu empfangen. Nur offene, leere Hände können beschenkt, bereichert werden. Zuerst muß man loslassen, freigeben . . . Darüber sprachen wir lange miteinander.

Im Verlauf dieses Gesprächs werde ich Zeuge eines wunderbaren Handelns Gottes: Mein Gegenüber öffnet langsam seine Hände. Die Angst weicht, im Loslassen würde er sich selbst verlieren, ohne Halt sein. Die Handflächen kehren sich nach oben. Die Hände werden offen – offen wird sein Herz für Gottes Schenken. Da beginnt ein Mensch, „sich zu verlassen" und wagt es, sich auf Gott zu verlassen, ihm zu vertrauen.

Im Gebet sagen wir es Gott: Herr, bitte nimm alles aus den Händen, was fehl am Platz ist. Ich bin bereit loszulassen, all das, woran fälschlicherweise mein ganzes Herz bisher hing, als sei das alles, was das Leben lebenswert macht. Bitte schenke mir, was gut für mich ist. Du meinst es ja gut mit mir. Du wirst mein Leben nicht schmälern, sondern meine Lebensqualität bereichern. Nimm mir die Angst, ich würde etwas verlieren, mich verlieren, wenn ich mich für dich entscheide und für meinen Nächsten da bin.

Ich konnte ihn so gut verstehen, denn mir ging es in meinem Leben einmal ganz ähnlich: Ich suchte das Leben und fand Erfolg. Dann suchte ich Jesus und fand das Leben.

Es ist erstaunlich und zum Freuen: Bis heute steht er gerne als Bettler mit offenen, leeren Händen vor seinem Gott, der ihn stets neu reich beschenkt. Nicht daß seine Erwartungen permanent in Erfüllung gingen, o nein! Aber seine Erwartungen an Gott: Herr, was willst du, daß ich tun soll? – bereichern sein Leben!

Wenn meine Gedanken zu ihm gehen, denke ich immer gleichzeitig auch an den Psalmisten, wenn er von Gott sagt: „Du tust deine Hand auf und erfüllest alles, was lebt, mit Wohlgefallen" (Psalm 145,16).

Helfende Hände

Unsere Gespräche über den Glauben waren an einem kritischen Punkt angekommen. Es ging um Schuld und Schuldbewältigung, um Sünde und Vergebung, um Jesu Sterben für uns am Kreuz von Golgatha.

Er wußte sich angesprochen, fühlte sich betroffen. Doch es fehlte ihm der Mut, aus dem Erkannten Konsequenzen zu ziehen. „Ich will nichts mehr davon hören!"

Demonstrativ hielt er sich mit beiden Händen die Ohren zu. – Für mich war damit der Zeitpunkt gekommen, das Gespräch für dieses Mal zu beenden.

Bei unserer nächsten Begegnung nahm er sein Verhalten zum Anlaß, mit mir über das Hören Gedankenaustausch zu haben. Wir kamen auf ganz unterschiedliches menschliches Verhalten zu sprechen:

- Bei den einen geht das Gesagte zum einen Ohr hinein und zum andern wieder gleich heraus.
- Andere ignorieren einfach das Gesagte. Sie wollen es nicht hören.
- Wieder andere vergessen schon bald, was sie gehört haben.
- Es gibt auch solche, denen das Gesagte unwichtig erscheint.
- Aber es gibt auch welche, die das Gesagte hören und auch tun, was sie gehört haben.

Ich erzählte ihm das Gleichnis Jesu vom vierfachen Akkerfeld und Jesu Auslegung dazu (Lukas 8,5–15): „Es ging ein Sämann aus, zu säen seinen Samen. Und indem er säte, fiel etliches an den Weg und ward zertreten, und die Vögel unter dem Himmel fraßen's auf. Und etliches fiel auf den Fels; und da es aufging, verdorrte es, darum daß es nicht Saft hatte. Und etliches fiel mitten unter die Dornen; und die Dornen gingen mit auf und erstickten es. Und etliches fiel auf ein gutes Land; und es ging auf und trug hundertfältige Frucht. Da er das sagte, rief er: Wer Ohren hat zu hören, der höre!

Es fragten ihn aber seine Jünger und sprachen, was dies Gleichnis wäre? Und er sprach: Euch ist's gegeben, zu wissen das Geheimnis des Reiches Gottes; den andern aber in Gleichnissen, daß sie es nicht sehen und nicht verstehen, ob sie es schon hören. Das ist aber das Gleichnis: Der Same ist das Wort Gottes. Die aber an dem Wege sind, das sind, die es hören; darnach kommt der Teufel und nimmt das Wort von ihrem Herzen, auf daß sie nicht glauben und selig werden. Die aber auf dem Fels sind die: Wenn sie es hören, nehmen sie das Wort mit Freuden an; und die haben nicht Wurzel; eine Zeitlang glauben sie, und zu der Zeit der Anfechtung fallen sie ab. Das aber unter die Dornen fiel, sind die, so es hören und gehen hin unter den Sorgen, Reichtum und Wollust dieses Lebens und ersticken und bringen keine Frucht. Das aber auf dem guten Land sind, die das Wort hören und behalten in einem feinen, guten Herzen und bringen Frucht in Geduld."

Plötzlich fragte mich mein Gegenüber, ob Gott sich die Ohren auch zuhält. Ob er sagt: „Ich will nichts mehr von dir hören." – Ich konnte ihm sagen: „Nein! Gott handelt nicht wie wir Menschen. Er sagt uns zwar, daß unsere Schuld, unsere Sünde uns von ihm trennt; aber er sagt uns auch, daß jeder, der glaubt und das für sich persönlich in Anspruch nimmt, daß Jesus für unsere Schuld und Sünde gestorben ist, wieder Gemeinschaft mit ihm haben kann, also Vergebung seiner Sünde geschenkt bekommt."

Dieses Mal hielt er sich nicht mit beiden Händen die Ohren zu, sondern faltete sie zum Gebet: „Herr, vergib mir meine Rebellion gegen dich. Ich will lernen, auf dein Wort zu hören und danach zu tun!"

Der Anschluß an eine lebendige Gemeinde hat ihm geholfen, im Glauben zu wachsen, zu reifen und auch Frucht zu tragen.

Ich mußte denken an das Wort aus Jesaja 59,1: „Siehe, des Herrn Hand ist nicht zu kurz, daß er nicht helfen könne, und seine Ohren sind nicht hart geworden, daß er nicht höre . . ."

Entlastende Hände

David, der Mann nach Gottes Herzen, wird schuldig. Er gibt bösen Gedanken in seinen Überlegungen Raum (2. Samuel 11), die zu Mord und Ehebruch führen (2. Samuel 12) und tut so, als sei nichts geschehen.

Da legt sich Gottes Hand schwer auf ihn. Sie drückt ihn nieder (Psalm 32,4). Er fühlt sich schwach, kraftlos (Psalm 31,11) und zerschlagen (Psalm 51,10). Seine Organe fangen an zu schreien. Er sagt später im Blick auf diese Zeit: „Denn da ich's wollte verschweigen, verschmachteten meine Gebeine durch mein täglich Heulen, denn deine Hand lag Tag und Nacht auf mir, so daß mein Saft vertrocknete, wie es im Sommer dürre wird . . ." (Psalm 32,3.4).

In solcher Lebenslage hilft kein Heulen, kein Jammern und Klagen, wenn man nicht zu seiner Schuld vor Gott und Menschen steht und zur Bitte um Vergebung findet.

Was von David hier gesagt wird, ereignet sich in unseren Tagen vielfach. Weil Menschen ihre Schuld nicht vor Gott und voreinander bekennen und in Ordnung bringen, werden sie psychosomatisch krank; die Seele funkt über die Organe „SOS"!

Noch immer gilt das Wort der Väter, um Heil und Heilung zu erfahren: „Die Sünde erkennen und bekennen, sie hassen und lassen!"

Ein Beispiel aus unseren Tagen: Sie war verstrickt in okkulte Praktiken, die Gott ein Greuel sind. – Ganz harmlos, wie sie meinte, hatte es begonnen: Mit dem Lesen des Horoskopes in einer Illustrierten beim Friseur. Es folgte dann das Lesen zu Hause in der Tageszeitung. Öfters kam nun der Gedanke: „Schau, es ist doch etwas dran . . ." Wie ein Sog entwickelte sich das Verlangen nach mehr Wissen und Sicherheit im Blick auf ihre Zukunft. Es folgte der Kontakt und die Bindung an einen Hellseher, die Beschaffung, das Lesen und Sich-Orientieren am sogenannten 6.+7. Buch Mose . . . und dann die erschütternde Erfahrung: „Es geht ohne Gott in die Dunkelheit . . .“

Wenn sie an diese Zeit zurückdenkt, sagte sie: „Satan . . . machte mich zu einem Wrack. Ich wurde an Leib und Seele so krank, daß mir beim Sprechen die Stimme wegblieb und ich Tag und Nacht keinen Schlaf fand; Depressionen quälten mich ganz fürchterlich. Nach Leib und Seele war ich so heruntergekommen, daß ich mich nicht mehr auf der Straße sehen lassen konnte . . . Ich wollte meinem Leben ein Ende machen . . .“

In dieser großen Not kam sie mit Menschen zusammen, die Jesus als Heiland und Herrn liebhaben. Ihnen vertraute sie sich – nach langem Zögern – an mit ihrer Schuld und Sünde. Miteinander brachten sie die Not im Gebet vor Gott, baten ihn um Vergebung. Sie sagte sich von Satan und seinen Machenschaften im Namen Jesu los und stellte sich bewußt unter den Einfluß des Heiligen Geistes. „Darum bekannte ich dir meine Sünde und verhehlte meine Missetat nicht. Ich sprach: Ich will dem Herrn meine Übertretungen bekennen. Da vergabst du mir die Missetat meiner Sünde“ (Psalm 32,5). – Diese Erfahrung Davids wurde auch die ihre.

Gott schenkte Vergebung. Seine Hand, die zuvor niederdrückte, so daß Leib und Seele verschmachteten, richtete nun auf, entlastete Leib und Seele, so daß diese gesund wurde. Mit David bekennt sie heute: „Wohl dem, dem die Übertretungen vergeben sind, dem die Sünde bedeckt ist. Wohl dem Menschen, dem der Herr die Missetat nicht zurechnet, in des Geist kein Falsch ist“ (Psalm 32,1.2). Ein ganz Neues hat zu Gottes Ehre in ihrem Leben begonnen!

Unvergebene Schuld drückt nieder, wird zur Last, macht lebensmüde. Vergebene Schuld läßt aufatmen, richtet auf, so daß „die Gebeine wieder fröhlich werden" (Psalm 51,10), denn Gottes Hand entlastet.

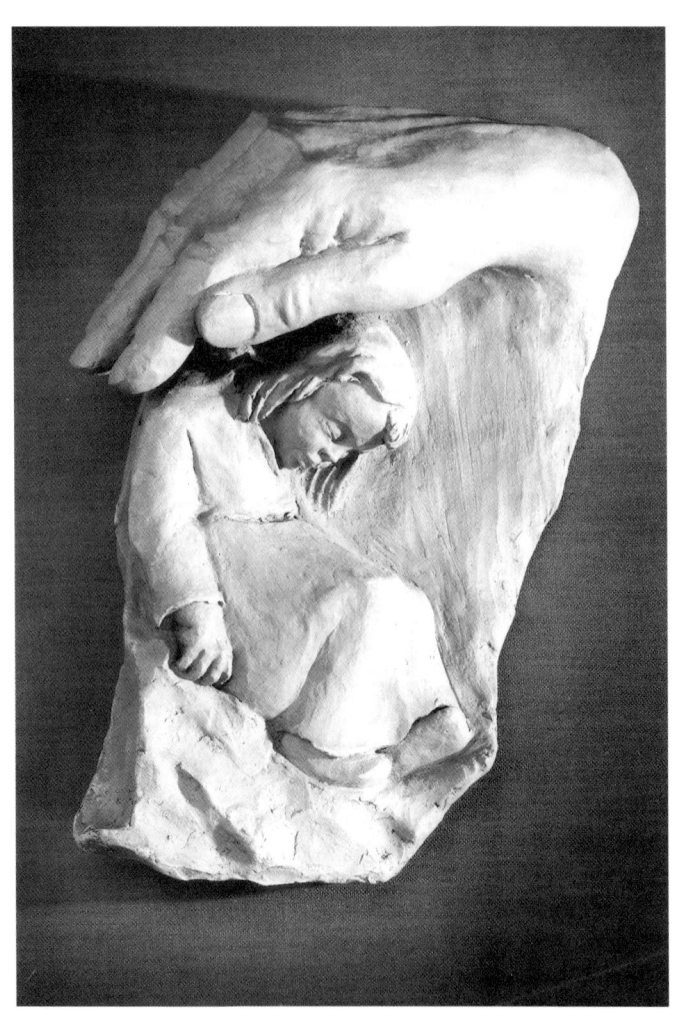

Der Dich behütet

HAND –
zitierte Bibelstellen im Textzusammenhang

Jesaja 41,8–13 (10)

⁸Du aber, Israel, mein Knecht, Jakob, den ich erwählt habe, du Sproß Abrahams, meines Geliebten,
⁹den ich fest ergriffen habe von den Enden der Erde her und berufen von ihren Grenzen, zu dem ich sprach: Du sollst mein Knecht sein; ich erwähle dich und verwerfe dich nicht –,
¹⁰fürchte dich nicht, ich bin mit dir; weiche nicht, denn ich bin dein Gott. Ich stärke dich, ich helfe dir auch, ich halte dich durch die rechte Hand meiner Gerechtigkeit.
¹¹Siehe, zu Spott und zuschanden sollen werden alle, die dich hassen; sie sollen werden wie nichts, und die Leute, die mit dir hadern, sollen umkommen.
¹²Wenn du nach ihnen fragst, wirst du sie nicht finden. Die mit dir hadern, sollen werden wie nichts, und die wider dich streiten, sollen ein Ende haben.
¹³Denn ich bin der HERR, dein Gott, der deine rechte Hand faßt und zu dir spricht: Fürchte dich nicht, ich helfe dir!

Psalm 139,1–14.23.24 (5)

EIN PSALM DAVIDS, VORZUSINGEN.
HERR, du erforschest mich / und kennest mich.
²Ich sitze oder stehe auf, so weißt du es; / du verstehst meine Gedanken von ferne.

³Ich gehe oder liege, so bist du um ich / und siehst alle meine Wege.

⁴Denn siehe, es ist kein Wort auf meiner Zunge / das du, HERR, nicht schon wüßtest.

⁵**Von allen Seiten umgibst du mich / und hältst deine Hand über mir.**

⁶Diese Erkenntnis ist mir zu wunderbar und zu hoch, / ich kann sie nicht begreifen.

⁷Wohin soll ich gehen vor deinem Geist, / und wohin soll ich fliehen vor deinem Angesicht?

⁸Führe ich gen Himmel, so bist du da; / bettete ich mich bei den Toten, siehe, so bist du auch da.

⁹Nähme ich Flügel der Morgenröte / und bliebe am äußersten Meer,

¹⁰so würde auch dort deine Hand mich führen / und deine Rechte mich halten.

¹¹Spräche ich: Finsternis möge mich decken / und Nacht statt Licht um mich sein –,

¹²so wäre auch Finsternis nicht finster bei dir, / und die Nacht leuchtete wie der Tag. Finsternis ist wie das Licht.

¹³Denn du hast meine Nieren bereitet / und hast mich gebildet im Mutterleibe.

¹⁴Ich danke dir dafür, / daß ich wunderbar gemacht bin; wunderbar sind deine Werke; / das erkennt meine Seele.

²³Erforsche mich, Gott, und erkenne mein Herz; / prüfe mich und erkenne, wie ich's meine.

²⁴Und sieh, ob ich auf bösem Wege bin, und leite mich auf ewigem Wege.

Matthäus 14,22–33 (31)

²²Und alsbald trieb Jesus seine Jünger, in das Boot zu steigen und vor ihm hinüberzufahren, bis er das Volk gehen ließe.

²³Und als er das Volk hatte gehen lassen, stieg er allein auf einen Berg, um zu beten. Und am Abend war er dort allein.

²⁴Und das Boot war schon weit vom Land entfernt und kam in Not durch die Wellen; denn der Wind stand ihm entgegen.

²⁵Aber in der vierten Nachtwache kam Jesus zu ihnen und ging auf dem See.

²⁶Und als ihn die Jünger sahen auf dem See gehen, erschraken sie und riefen: Es ist ein Gespenst! und schrien vor Furcht.

²⁷Aber sogleich redeten Jesus mit ihnen und sprach: Seid getrost, ich bin's; fürchtet euch nicht!

²⁸Petrus aber antwortete ihm und sprach: Herr, bist du es, so befiehl mir, zu dir zu kommen auf dem Wasser.

²⁹Und er sprach: Komm her! Und Petrus stieg aus dem Boot und ging auf dem Wasser und kam auf Jesus zu.

³⁰Als er aber den starken Wind sah, erschrak er und begann zu sinken und schrie: Herr, hilf mir!

³¹**Jesus aber streckte sogleich die Hand aus und ergriff ihn und sprach zu ihm: Du Kleingläubiger, warum hast du gezweifelt?**

³²Und sie traten in das Boot, und der Wind legte sich.

³³Die aber im Boot waren, fielen vor ihm nieder und sprachen: Du bist wahrhaftig Gottes Sohn!

Lukas 24,50–53 (50)

[50]**Er führte sie aber hinaus bis nach Betanien und hob die Hände auf und segnete sie.**
[51]Und es geschah, als er sie segnete, schied er von ihnen und fuhr auf gen Himmel.
[52]Sie aber beteten ihn an und kehrten zurück nach Jerusalem mit großer Freude
[53]und waren allezeit im Tempel und priesen Gott.

Psalm 138,1–8 (7)

VON DAVID.
Ich danke dir von ganzem Herzen, / vor den Göttern will ich dir lobsingen.
[2]Ich will anbeten vor deinem heiligen Tempel / und deinen Namen preisen für deine Güte und Treue;
denn du hast deinen Namen und dein Wort / herrlich gemacht über alles.
[3]Wenn ich dich anrufe, so erhörst du mich / und gibst meiner Seele große Kraft.
[4]Es danken dir, HERR, alle Könige auf Erden, / daß sie hören das Wort deines Mundes;
[5]sie singen von den Wegen des HERRN, / daß die Herrlichkeit des HERRN so groß ist.
[6]Denn der HERR ist hoch und sieht auf den Niedrigen / und kennt den Stolzen von ferne.
[7]**Wenn ich mitten in der Angst wandle, / so erquickest du mich und reckst deine Hand gegen den Zorn meiner Feinde / und hilfst mir mit deiner Rechten.**
[8]Der HERR wird meine Sache hinausführen. HERR, deine Güte ist ewig. / Das Werk deiner Hände wollest du nicht lassen.

Markus 1,29–34 (31)

²⁹Und alsbald gingen sie aus der Synagoge und kamen in das Haus des Simon und Andreas mit Jakobus und Johannes.

³⁰Und die Schwiegermutter Simons lag darnieder und hatte das Fieber; und alsbald sagten sie ihm von ihr.

³¹Da trat er zu ihr, faßte sie bei der Hand und richtete sie auf; und das Fieber verließ sie, und sie diente ihnen.

³²Am Abend aber, als die Sonne untergegangen war, brachten sie zu ihm alle Kranken und Besessenen.

³³Und die ganze Stadt war versammelt vor der Tür.

³⁴Und er half vielen Kranken, die mit mancherlei Gebrechen beladen waren, und trieb viele böse Geister aus und ließ die Geister nicht reden; denn sie kannten ihn.

Johannes 10,22–30 (28)

²²Es war damals das Fest der Tempelweihe in Jerusalem, und es war Winter.

²³Und Jesus ging umher im Tempel in der Halle Salomos.

²⁴Da umringten ihn die Juden und sprachen zu ihm: Wie lange hältst du uns im Ungewissen? Bist du der Christus, so sage es frei heraus.

²⁵Jesus antwortete ihnen: Ich habe es euch gesagt, und ihr glaubt nicht. Die Werke, die ich tue in meines Vaters Namen, die zeugen von mir.

²⁶Aber ihr glaubt nicht, denn ihr seid nicht von meinen Schafen.

²⁷Meine Schafe hören meine Stimme, und ich kenne sie, und sie folgen mir;

²⁸und ich gebe ihnen das ewige Leben, und sie werden

nimmermehr umkommen, und niemand wird sie aus meiner Hand reißen.
29Mein Vater, der mir sie gegeben hat, ist größer als alles, und niemand kann sie aus des Vaters Hand reißen.
30Ich und der Vater sind eins.

Psalm 77,1–15 (11)

EIN PSALM ASAPHS, VORZUSINGEN, FÜR JEDUTUN.
2Ich rufe zu Gott und schreie um Hilfe, / zu Gott rufe ich, und er erhört mich.
3In der Zeit meiner Not suche ich den Herrn; meine Hand ist des Nachts ausgereckt und läßt nicht ab; / denn meine Seele will sich nicht trösten lassen.
4Ich denke an Gott – und bin betrübt; / ich sinne nach – und mein Herz ist in Ängsten. SELA.
5Meine Augen hältst du, daß sie wachen müssen; / ich bin so voll Unruhe, daß ich nicht reden kann.
6Ich gedenke der alten Zeit, / der vergangenen Jahre.
7Ich denke und sinne des Nachts und rede mit meinem Herzen, / mein Geist muß forschen.
8Wird denn der Herr auf ewig verstoßen / und keine Gnade mehr erweisen?
9Ist's denn ganz und gar aus mit seiner Güte, / und hat die Verheißung für immer ein Ende?
10Hat Gott vergessen, gnädig zu sein, / oder sein Erbarmen im Zorn verschlossen? SELA.
11**Ich sprach: Darunter leide ich, / daß die rechte Hand des Höchsten sich so ändern kann.**
12Darum denke ich an die Taten des HERRN, / ja, ich denke an deine früheren Wunder
13und sinne über alle deine Werke / und denke deinen Taten nach.

¹⁴Gott, dein Weg ist heilig. / Wo ist ein so mächtiger Gott, wie du, Gott, bist?
¹⁵Du bist der Gott, der Wunder tut, / du hast deine Macht bewiesen unter den Völkern.

Psalm 145,13–21 (16)

EIN LOBLIED DAVIDS.
¹³Der HERR ist getreu in all seinen Worten / und gnädig in allen seinen Werken.
¹⁴Der HERR hält alle, die da fallen, / und richtet alle auf, die niedergeschlagen sind.
¹⁵Aller Augen warten auf dich, / und du gibst ihnen ihre Speise zur rechten Zeit.
¹⁶**Du tust deine Hand auf / und sättigst alles, was lebt, nach deinem Wohlgefallen.**
¹⁷Der HERR ist gerecht in allen seinen Wegen / und gnädig in allen seinen Werken.
¹⁸Der HERR ist nahe allen, die ihn anrufen, / allen, die ihn ernstlich anrufen.
¹⁹Er tut, was die Gottesfürchtigen begehren, / und hört ihr Schreien und hilft ihnen.
²⁰Der HERR behütet alle, die ihn lieben, / und wird vertilgen alle Gottlosen.
²¹Mein Mund soll des HERRN Lob verkündigen, / und alles Fleisch lobe seinen heiligen Namen immer und ewiglich.

Siehe, des HERRN Hand ist nicht zu kurz, daß er nicht helfen könnte, und seine Ohren sind nicht hart geworden, so daß er nicht hören könnte.

²sondern eure Verschuldungen scheiden euch von eurem Gott, und eure Sünden verbergen sein Angesicht vor euch, daß ihr nicht gehört werdet.

³Denn eure Hände sind mit Blut befleckt und eure Finger mit Verschuldung; eure Lippen reden Falsches, eure Zunge spricht Bosheit.

⁴Es ist niemand, der eine gerechte Sache vorbringt, und niemand, der redlich richtet. Man vertraut auf Nichtiges und redet Trug; mit Unheil sind sie schwanger und gebären Verderben.

¹²Unsre Abtrünnigkeit steht uns vor Augen, und wir kennen unsre Sünden:

¹³abtrünnig sein und den HERRN verleugnen und abfallen von unserm Gott, Frevel reden und Ungehorsam, Lügenworte ausbrüten und bedenkenlos daherreden.

¹⁴Und das Recht ist zurückgewichen, und die Gerechtigkeit hat sich entfernt; denn die Wahrheit ist auf der Gasse zu Fall gekommen, und die Aufrichtigkeit findet keinen Eingang.

¹⁵Und die Wahrheit ist dahin, und wer vom Bösen weicht, muß sich ausplündern lassen.

Das alles sieht der HERR, und es mißfällt ihm sehr, daß kein Recht ist.

¹⁶Und er sieht, daß niemand auf dem Plan ist, und verwundert sich, daß niemand ins Mittel tritt. Da hilft er sich selbst mit seinem Arm, und seine Gerechtigkeit steht ihm bei.

¹⁷Er zieht Gerechtigkeit an wie einen Panzer und setzt den Helm des Heils auf sein Haupt und zieht an das Ge-

wand der Rache und kleidet sich mit Eifer wie mit einem Mantel.

¹⁸Nach den Taten wird er vergelten, mit Grimm seinen Widersachern, mit Vergeltung seinen Feinden; ja, den Inseln will er heimzahlen,

¹⁹daß der Name des HERRN gefürchtet werde bei denen vom Niedergang der Sonne und seine Herrlichkeit bei denen von ihrem Aufgang, wenn er kommen wird wie ein reißender Strom, den der Odem des HERRN treibt.

²⁰Aber für Zion wird er als Erlöser kommen und für die in Jakob, die sich von der Sünde abwenden, spricht der HERR.

²¹Und dies ist mein Bund mit ihnen, spricht der HERR: Mein Geist, der auf dir ruht, und meine Worte, die ich in deinen Mund gelegt habe, sollen von deinem Mund nicht weichen noch von dem Mund deiner Kinder und Kindeskinder, spricht der HERR, von nun an bis in Ewigkeit.

Psalm 32,1–11 (4)

EINE UNTERWEISUNG DAVIDS.
Wohl dem, dem die Übertretungen vergeben sind, / dem die Sünde bedeckt ist!

²Wohl dem Menschen, dem der HERR die Schuld nicht zurechnet, / in dessen Geist kein Trug ist!

³Denn als ich es wollte verschweigen, / verschmachteten meine Gebeine durch mein tägliches Klagen.

⁴**Denn deine Hand lag Tag und Nacht schwer auf mir, / daß mein Saft vertrocknete, wie es im Sommer dürre wird. SELA.**

⁵Darum bekannte ich dir meine Sünde, / und meine Schuld verhehlte ich nicht.

Ich sprach: Ich will dem HERRN meine Übertretungen bekennen. / Da vergabst du mir die Schuld meiner Sünde. SELA.

⁶Deshalb werden alle Heiligen zu dir beten / zur Zeit der Angst.

Darum, wenn große Wasserfluten kommen, / werden sie nicht an sie gelangen.

⁷Du bist mein Schirm, du wirst mich vor Angst behüten, / daß ich errettet gar fröhlich rühmen kann. SELA.

⁸„Ich will dich unterweisen und dir den Weg zeigen, den du gehen sollst; / ich will dich mit meinen Augen leiten."

⁹Seid nicht wie Rosse und Maultiere, / die ohne Verstand sind,

denen man Zaum und Gebiß anlegen muß; / sie werden sonst nicht zu dir kommen.

¹⁰Der Gottlose hat viel Plage; / wer aber auf den HERRN hofft, den wird die Güte umfangen.

¹¹Freuet euch des HERRN und seid fröhlich, ihr Gerechten, / und jauchzet, alle ihr Frommen.

Weitere Bibelstellen zur Thematik „Hand"
(zum Nachschlagen!)

Jesaja   64,7
Jesaja   66,2
Jeremia   18,6
Psalm   63,9
Psalm   104,28
Psalm   119,73.173

Matthäus	8,2–4	vgl.:	Markus	1,41
			Lukas	5,12–16
Matthäus	8,15	vgl.:	Markus	1,29–34
			Lukas	4,38–41
Matthäus	9,25	vgl.:	Markus	5,22–43
			Lukas	8,41–56
Matthäus	19,13	vgl.:	Markus	10,13–16
Markus	8,23			
Markus	9,27			
Lukas	24,50			
Offenbarung	1,17			

Laß Dich beschenken

HAND –

im Liedgut

Es gibt Lieder, die haben bis heute nichts von ihrer Aussagekraft verloren. Sie müssen nicht sozusagen übersetzt werden in unsere Sprache. Da redet der Autor „die Muttersprache des christlichen Gemüts, die jeder versteht, der an den Herrn Jesus glaubt und ihn liebt".

„Das Gesangbuch ist eine Art Antwort auf die Bibel, ein Echo und eine Fortsetzung. Aus der Bibel sieht man, wie Gott mit den Menschen redet, und aus dem Gesangbuch, wie die Menschen mit Gott reden" (Nikolaus Ludwig Graf von Zinzendorf).

Wer von Herzen mit einstimmt in diese Lieder, wird froh und getrost; er freut sich dabei, daß ein anderer für das Worte gefunden hat, was man selbst empfindet.

Herr, weil mich festhält Deine starke Hand,
Vertrau ich still.
Weil Du voll Liebe Dich zu mir gewandt,
Vertrau ich still.
Du machst mich stark, Du gibst mir frohen Mut,
Ich preise Dich, Dein Wille, Herr, ist gut!

Herr, weil ich weiß, daß Du mein Retter bist,
Vertrau ich still.
Weil Du für mich das Lamm geworden bist,
Vertrau ich still.
Weil ich durch Dich dem Tod entrissen ward,
Präg tief in mich, Herr, Deine Lammesart.

Herr, weil Du jetzt für mich beim Vater flehst,
Vertrau ich still.
Weil Du zu meiner Rechten helfend stehst,
Vertrau ich still.
Droht mir der Feind, so schau ich hin auf Dich,
Ein Bergungsort bist Du, o Herr, für mich.

Ist auch die Zukunft meinem Blick verhüllt,
Vertrau ich still.
Seitdem ich weiß, daß sich Dein Plan erfüllt,
Vertrau ich still.
Seh ich nicht mehr als nur den nächsten Schritt,
Mir ist's genug, mein Herr geht selber mit!

Diakonissenmutterhaus Aidlingen

Stark ist meines Jesu Hand,
und er wird mich ewig fassen,
hat zu viel an mich gewandt,
um mich wieder loszulassen.
Mein Erbarmer läßt mich nicht;
das ist meine Zuversicht.

Sieht mein Kleinmut auch Gefahr,
fürcht ich auch zu unterliegen;
Christus beut den Arm mir dar,
Christus hilft der Ohnmacht siegen.
Daß mich Gottes Held verficht:
das ist meine Zuversicht.

Wenn der Kläger mich verklagt,
Christus hat mich schon vertreten;
wenn er mich zu sichten wagt,
Christus hat für mich gebeten.
Daß mein Bürge für mich spricht:
das ist meine Zuversicht.

Würd es Nacht vor meinem Schritt,
daß ich keinen Ausweg wüßte
und mit ungewissem Tritt
ohne Licht verzagen müßte:
Christus ist mein Stab und Licht:
das ist meine Zuversicht.

Mag die Welt im Mißgeschick
beben oder ängstlich klagen;
ohne Halt ist all ihr Glück,

wahrlich, sie hat Grund zu zagen.
Daß mein Anker nie zerbricht:
das ist meine Zuversicht.

Will mein Herr durch strenge Zucht
mich nach seinem Bild gestalten,
o so will ich ohne Flucht
seiner Hand nur stillehalten.
Dann erschreckt mich kein Gericht:
das ist meine Zuversicht.

Seiner Hand entreißt mich nichts;
sollt ich ihn mit Kleinmut schmähen?
Mein Erbarmer selbst verspricht's;
sollt ich ihm sein Wort verdrehen?
Nein, er läßt mich ewig nicht:
das ist meine Zuversicht.

Karl Bernhard Garve 1763–1841

Ich steh in meines Herren Hand
und will drin stehen bleiben;
nicht Erdennot, nicht Erdentand
soll mich daraus vertreiben.
Und wenn zerfällt die ganze Welt,
wer sich an ihn und wen er hält,
wird wohlbehalten bleiben.

Er ist ein Fels, ein sichrer Hort,
und Wunder sollen schauen,
die sich auf sein wahrhaftig Wort
verlassen und ihm trauen.
Er hat's gesagt, und darauf wagt
mein Herz es froh und unverzagt
und läßt sich gar nicht grauen.

Und was er mit mir machen will,
ist alles mir gelegen;
ich halte ihm im Glauben still
und hoff auf seinen Segen.
Denn was er tut, ist immer gut,
und wer von ihm behütet ruht,
ist sicher allerwegen.

Ja, wenn's am schlimmsten mit mir steht,
freu ich mich seiner Pflege;
ich weiß: die Wege, die er geht,
sind lauter Wunderwege.
Was böse scheint, ist gut gemeint;
er ist doch nimmermehr mein Feind
und gibt nur Liebesschläge.

Und meines Glaubens Unterpfand ist,
was er selbst verheißen:
daß nichts mich seiner starken Hand
soll je und je entreißen.
Was er verspricht, das bricht er nicht.
Er bleibet meine Zuversicht;
ich will ihn ewig preisen.

Karl Johann Philipp Spitta 1801–1859

Herr, führe du! Ich kann allein nicht gehen;
ich kenn den Weg ja nicht, der vor mir liegt.
Und ich weiß nicht, was mir die Zeiten bringen,
drum bitt ich nur, daß deine Gnade siegt.

Herr, führe du! Ich will allein nicht gehen;
ich weiß, der Feinde Zahl und Macht ist groß.
Ich selbst bin schwach, ich brauche deine Hilfe;
faß meine Hand und laß sie nie mehr los.

Herr, führe du! Ich darf allein nicht gehen;
du hast verheißen, mir voran zu ziehn.
Wohlan, mein Herr, zieh deine Siegesstraßen
und bring auch mich mit dir zum Ziele hin.

Herr, führe du! Dabei soll es nun bleiben,
hier meine Hand! O Herr, erfasse sie!
Geht's auch durch dunkle Pfade, harte Straßen,
Herr, führe mich! Mein Herr, verlaß mich nie.

E. B. Richter

Nimm mich bei der Hand, Vater, du bist meine Ruh,
bist des Lebens Zuflucht, Vater, winkst mir gnädig zu.
Halt mich, wenn ich sinke, gib mir festen Stand.
Laß mich nie das Ziel verfehlen, nimm mich bei der Hand.
Nimm mich bei der Hand, Vater, nimm mich bei der
Hand, Vater,
laß mich nie das Ziel verfehlen. Nimm mich bei der Hand.

Reich mir deine Hand, Vater, in der dunklen Welt.
Sei mein Leitstern immer, Vater, der den Weg erhellt.
Herr, dir will ich folgen bis zum Heimatland,
deine Liebe wird mich leiten, nimm mich bei der Hand.
Nimm mich bei der Hand, Vater, nimm mich bei der
Hand, Vater,
deine Liebe wird mich leiten. Nimm mich bei der Hand.

Nimm mich bei der Hand, Vater, führ mich heim zu dir,
schenk mir deine Gnade, Vater, wenn ich scheid von hier.
Laß mich bei dir ruhen, los vom Erdentand.
Führ mich heim zu dir, o Vater, nimm mich bei der Hand.
Nimm mich bei der Hand, Vater, nimm mich bei der
Hand, Vater,
führ mich heim zu dir, o Vater. Nimm mich bei der Hand.
Amen.

Johannes Haas

So nimm denn meine Hände und führe mich
bis an mein selig Ende und ewiglich!
Ich mag allein nicht gehen, nicht einen Schritt;
wo du wirst gehn und stehen, da nimm mich mit!

In dein Erbarmen hülle mein schwaches Herz
und mach es gänzlich stille in Freud und Schmerz!
Laß ruhn zu deinen Füßen dein armes Kind;
es will die Augen schließen und glauben blind.

Wenn ich auch gleich nichts fühle von deiner Macht,
du führst mich doch zum Ziele auch durch die Nacht.
So nimm denn meine Hände und führe mich
bis an mein selig Ende und ewiglich!

Julie von Hausmann 1825–1901

NACHWORT

An Gottes Hand gehen
bringt weiter,
als nur von ihr zu reden!

Dazu will Sie dieses Buch mit seinen Texten und Bildern ermutigen!

Sie haben es nun durchgelesen und die Bilder zu sich sprechen lassen. Nehmen Sie sich die Zeit, dies hin und wieder in Ruhe nochmals zu tun. Verweilen Sie bei dem einen oder anderen Bild und/oder Text etwas länger als bisher, so daß deren Aussagen Bestandteil Ihres gottvertrauenden Denkens werden. Das wird Sie getrost und zuversichtlich auf dem Weg mit Jesus machen. Daraus werden Sie Kraft gewinnen, Konflikte zu bewältigen und mit Schwierigkeiten zu leben und – Sie verlieren das Ziel dieses Weges mit Jesus, die Ewigkeit, nicht aus den Augen!

Ist auch die Zukunft meinem Blick verhüllt,
vertrau ich still.
Seitdem ich weiß, daß sich Dein Plan erfüllt,
vertrau ich still.
Seh ich nicht mehr als nur den nächsten Schritt,
mir ist's genug, mein Herr geht selber mit.

Wenn Sie seelsorgerliche Fragen haben und keinen Menschen Ihres Vertrauens wissen, mit dem Sie darüber sprechen können, schreiben Sie uns. Wir antworten Ihnen gerne und vertraulich!
Evangeliums-Rundfunk
– Seelsorge –
6330 Wetzlar